KB265476

WBI 환경과 자기조절학습

- 웹 기반 자기조절학습 지원전략 -

WHAT IS THE MOST

VALUABLE IN THIS WORLD

IS TO APPLAUD GOD

NAM JEONG KWUN

WBI 환경과 자기조절학습

- 웹 기반 자기조절학습 지원전략 -

남 정 권 著

한국학술정보㈜

프롤로그

붉게 물든 단풍나무 사이로 아침 햇살을 받으며 창문을 여는 순간, 베란다 앞에 어디선가 날아온 새 한 마리가 반갑게 인사를 하며 맞는다. 이런 기분 좋은 날에는 어디론가 훌쩍 여행을 떠나고 싶다. 직선으로 가기보다는 굽이굽이 돌아가는 자연의 시냇물처럼 물 맑고 공기 좋은 곳으로 여행을 떠나리라.

학습을 한다는 것은 학문을 익히는 하나의 여정(旅程)이다. 인생이 하나의 길을 따라가는 여정이듯이 우리가 학습을 한다는 것은 목적지를 정하고 먼 여행을 떠나는 것과 같다. 박사논문을 쓰면서 어느 날 꿈속에서 산길을 오를 때 느꼈던 어려움과 함께 그렇게 가고 싶어 했던 목적지에 도달한 후 찾아왔던 가슴 뿌듯한 성취감의 기억은 지금도 두고두고 마음속 깊이 남아 내 인생을 열정의 무대로 인도하고 있다.

우리가 여행을 떠날 때 목적지에 정확하고 손쉽게 도달하기 위해서는 사전에 치밀한 계획과 전략이 수립되어야 한다. 이와 마찬가지로 학습을 수행하기 이전에 어디로 갈 것이며, 어떻게 갈 것인지, 그리고 언제쯤 도착할 것인가를 미리 계획한 후 설계된 과정을 따라가는 것이 필요하다. 그러나 인생의 여행과 마찬가지로 학습여정 또한 생각하지 못했던 다양한 변수들로 인해 여행 경로를 잃거나 잘못된 길로 나아갈 수 있다. 이러한 결점을 최소화하기 위해서는 단순히 학습과정을 따라가는 것이 아니라 예측하지 못했던 사건(events)들에 대처하기 위한 철저한 사전전략(strategy)이 필요하다. 그리고 목적지에 도달한 후에는 지나온 학습 여정이 최초에 계획했던 대로 제대로 걸어왔는지를 꼼꼼히 살펴보고 되돌아보는 성찰과정이 필요하다.

웹 기반 학습은 학습자들끼리 상호 작용을 통해 새로운 지식을 생성하고 특정 영역의 지식을 자기조절학습으로 확장시킬 수 있는 새로운 개념의 학습방식이다. 필자는 실증적 연구를 통해 웹 기반 학습 환경에서 자기조절학습 지원 도구는 집단 유형보다는 어떠한 과제 유형으로 설계할 것인가가 중요하게 고려되어야 하며, 메타인지 요소를 개인학습–지식적용형 학습 환경에 적용할 때 가장 효과적인 도구임을 규명하였다.

이 글은 웹 기반 학습 환경에서 자기조절학습이 성공을 거두기 위한 다양한 지원전략을 선행연구와 함께 실증적 연구를 통해 해결하고자 노력하였다. 그런 의미에서 본서는 4개 영역을 9장으로 나누어 구성하였다. 1부와 2부에서는 선행연구를 통한 이론적 배경을 기술하였으며, 3부와 4부에서는 자기조절학습 지원전략과 함께 웹 기반 학습 환경에서 자기조절학습을 지원하기 위한 도구의 효율성을 실증적으로 입증하였다.

본 교재가 자기조절학습에 관련된 영역을 공부하는 분들에게 도움이 되길 바라는 마음 간절하며, 여러 가지로 미숙하고 부족한 부분은 아낌없는 질책을 바란다. "네 시작은 미약하였으나 네 나중은 심히 창대하리라(욥: 8:7)"는 성경 말씀을 상기하면서, 이 책이 나오기까지 격려와 관심을 가져주신 분들께 지면을 통해서 다시 한번 감사드린다. 늘 변함없는 마음으로 위로와 격려를 보내준 아내와 두 딸들, 그리고 어려운 여건에서도 기꺼이 출판을 제안해준 한국학술정보(주) 출판사업팀에게 깊은 감사를 전한다.

2006년 어느 가을 날
인천 계양산 기슭
한국마을에서
남 정 권

차 례

제1부

웹 기반 학습 환경의 이론적 기초

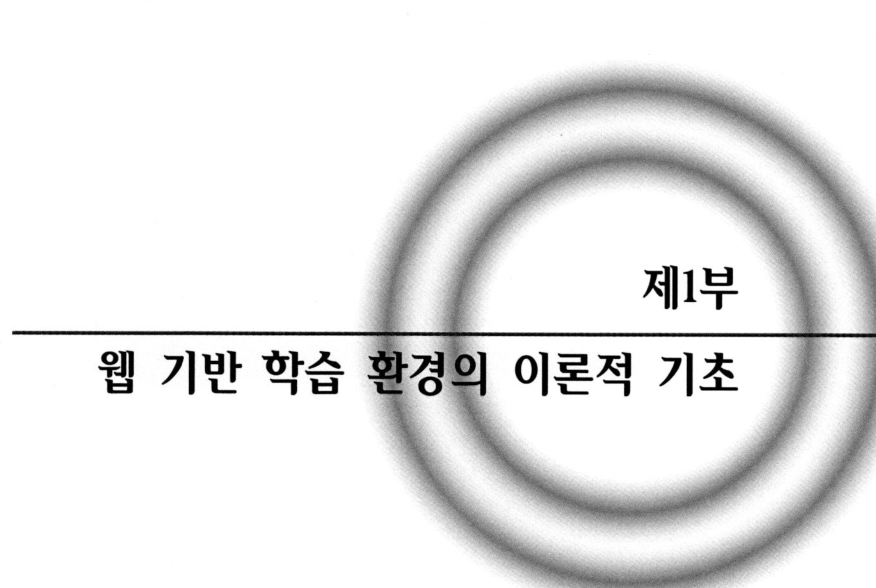

제1장 웹 기반 학습 환경
(WBI: Web Based Instruction)

언제부터인가 우리 주변의 학습 환경은 아날로그 시대에서 디지털 시대로 급변하고 있으며, 웹을 기반으로 하는 학습 환경은 시간 또는 경제적 측면에서 매우 중요한 부분을 차지하고 있다. 이러한 디지털 시대에 성공적인 학습을 위해서는 물리적인 환경보다는 가상공간에서 어떻게 정보를 공유하고 학습자의 인지구조를 활성화시켜 자기조절학습을 지원할 것인가에 관심이 모아지고 있다.

1. 전통적인 학습 환경과 웹 기반 학습 환경

세계화 시대의 도래는 사회 문화적 구조와 매체의 변화를 가져오게 되었으며, 이러한 변화는 사회적 상호 작용과 의미 있는 학습(meaningful learning) 환경을 촉진하게 되었다. 과거의 전통적인 학습 환경에서 특징적으로 나타난 학문 간 경계나 교사 중심의 실시간 수업형태는 직선형(linear) 구조 설계와 정교하게 다듬어지고 가공된 학습 자원들로 인해 일정한 시간과 장소에서 제한된 정보가 한정된 매체를 통해 제공될 수밖에 없었다. 웹 기반 학습 환경이란 Chambers(1997)의 지적대로 학문 간 경계가 허물어지고 학문끼리 활발한 정보교환이 이루어져 정보가 학문의 경계

선을 넘나드는 환경을 말한다. 이처럼 학문 간 정보교환을 위해 사용한 학습 환경이 웹 기반 학습 환경이다.

웹 기반 학습 환경은 비동시적 의사소통과 함께 종래의 교사가 주도하는 집권 통제방식에서 벗어나 분권화된 통제방식의 전환을 가져오게 되었다. 또한, 하이퍼미디어와 같은 비구조화된 구성으로 인해 정교하게 일정한 형식과 틀 속에 고정되지 않은 자유로운 탐색방법을 사용하여 언제든지 학습자가 필요한 정보를 탐색할 수 있는 실시간 정보를 제공하게 되었다. 이러한 매체의 등장은 급변하는 시대의 요청에 따라 수시로 새로운 매체가 개발되어 발전하게 되었고, 그 결과 교수 학습을 위한 유용한 매체로서 널리 사용되고 있다. Bannan-Ritland(2004)에 의하면 웹 기반 학습(WBI: Web Based Instruction)이란 교수 학습을 위해 제공되는 다양한 협력 자원들과 학습자 참여를 증진하기 위해 사용되는 수업방식이다. 따라서 웹(WWW: World Wide Web)은 학습자들에게 학습에 필요한 자원들을 전송하고 통합할 뿐만 아니라 학습자들을 지원하도록 설계되는 것을 의미한다.

원격학습(Distance Learning)이 교수 모형이나 학습 구성을 위해 가변적이고 융통적인 학습 방법과 함께 지식 구축을 위한 공동체(community)에 관심을 둔 반면, 온라인 학습(Online Learning)은 학습 매체와 함께 가상 교실, 지식 망(net) 또는 비동기 학습 망과 같은 전송 모형에 관심을 둔다. 그러나 웹 기반 학습(WBI)은 웹 기반 저작 도구와 코스 관리 시스템을 사용하여 학습을 지원한다. 원격학습, 온라인 학습, 웹 기반 학습의 관계를 도식으로 나타내면 다음과 같다([그림 1-1] 참조).

웹 기반 학습 ⊂ 온라인 학습 ⊂ 원격학습

[그림 1-1] 원격학습, 온라인 학습, 웹 기반 학습의 관계

2. 웹 기반 학습 환경에서 수업전략

Driscoll(2000)에 의하면 제대로 된 수업 설계를 위해서는 여러 가지 변수들로 복잡하게 얽혀 있는 학습 현장에 적용 가능한 이론들이 학습 내용과 관련이 있는지를 알아보기 위한 맥락(context) 즉, 학습자 환경이 고려되어야 한다. 이와 함께 학습자들이 학습을 하는 데 있어서 부분별로 흩어지고 떨어져 있는 지식과 의견들을 통합하고 교환하기 위해 사회적 협상을 수행할 수 있도록 안내되어야 한다. 사회적 협상을 위해서는 참여자들이 지니고 있는 다양한 관점과 생각들을 자유롭게 표현할 수 있어야 하며, 이를 위한 표현의 형식을 사용할 수 있어야 한다.

학습이란 때로는 학습자 혼자서 이루어가는 하나의 머나먼 여정(旅程)이다. 따라서 학습자에게 동기를 유발하면서 자기 주도적으로 학습을 진행해 갈 수 있도록 수시로 격려되어야 하며, 지식을 구성해 나가는 과정에서 자신의 학습과정을 점검해 보는 자기 인식에 대한 배려와 촉진이 동시에 제공되어야 한다. 이러한 Driscoll(2000)의 주장은 학습이 학습자의 주관적 사고와 경험에 의해 개인적인 의미를 창출할 뿐만 아니라, 학습자가 학습해 나가는 과정 속에서 주어진 문제를 스스로 해결해 나가기 때문에 구성주의 학습방식(남정권, 2001)과 관련이 있다고 생각된다. Dabbagh와 Bannan-Ritland(2005)는 구성주의 학습을 지원하기 위해 다음과 같은 탐구전략, 대화전략, 지원전략 등 세 가지 수업전략을 제시하였다.

1) 탐구전략

탐구전략은 학습자의 사전학습을 지원하기 위한 준비단계이다. 이 과정에서 학습자들은 주어진 문제를 스스로 해결할 뿐 아니라, 학습자원이나 새로운 정보를 수집하기 위한 탐구력 증진과 함께 학습 가설을 세우고 계획하게 된다. 또한, 설정된 가설을 중심으로 미리 역할극을 통해 사전에 학습과정을 탐색하고 수정 및 보완해 볼 수 있다. 이와 함께 탐구전략을 통해 학습 도중에 발생하는 문제 해결력과 탐구력을 증진하고 학습 가설의 설정과 함께 역할극을 시도할 수 있다.

〈표 1-1〉 탐구전략 증진 방법

수업전략	교수이론	관련 웹 기술	웹의 사용
문제해결 증진	문제기반 학습, 앵커드 수업	하이퍼링크, 동시적/비동시적 토론 포럼, 문서 공유 기술, 그룹, 온라인 자료, 지식 저장소	하이퍼미디어, 온라인 검색, 수집 능력, 동시적, 비동시적
탐구 증진	시뮬레이션, 마이크로월드, 가상학습 환경, 웹 퀘스트, 문제기반 학습, 앵커드 수업, 인지적 융통성	하이퍼링크, 검색 엔진, 온라인 자료, 웹 기반 저작 도구, 자기 포함 수업 모듈	하이퍼미디어, 멀티미디어, 온라인 검색, 상호 작용
가설 생성 증진	시뮬레이션, 마이크로 월드, 가상 학습 환경, 웹 퀘스트, 문제기반 학습, 앵커드 수업	플러그 인, 웹 기반 저작 도구, 웹 기반 애니메이션, 디지털 오디오/비디오, 동적인 웹 페이지	하이퍼미디어, 멀티미디어, 온라인 검색, 상호 작용
역할극 증진	인지적 도제, 실제적인 공동체, 가상 학습 환경, 시뮬레이션, CSILE, 문제기반 학습	MOO/MUD[1], 인터넷 채팅, 비디오 컨퍼런싱, 컴퓨터 컨퍼런싱, 그룹	비동시적, 동시적, 멀티미디어, 상호 작용

---

1) MOO(Multi Object Oriented)는 객체 지향형 머드를 가리키며, MUD(Multi User Dungeon)는 네트워크상에서 이루어지는 롤 플레잉 게임의 일종이다. 이 두 가지는 가상공간에서 네트워크를 이용해 사람들이 사회적 관계를 맺을 수 있는 네트워크 커뮤니케이션을 제공한다(Cotton & Oliver, 2000).

2) 대화전략

대화전략은 학습자들이 학습 활동을 효과적으로 진행할 수 있도록 지원한다. 웹 기반 학습 환경에서는 가상공간을 매개로 하기 때문에 학습자끼리 명확한 의사전달 기능은 무엇보다도 중요하다. 대화자의 입술 모양이나 태도 또는 감정 표현들이 실제로 보이지 않는 웹 기반 학습 환경에서는 학습자들의 각기 다른 관심을 협력학습을 통해 집중시키며, 동시에 개개인의 성찰(reflection)이 증진되도록 설계해야한다.

〈표 1-2〉 대화전략 증진 방법

수업전략	교수이론	관련 웹 기술	웹의 사용
명료도 증진	지식망, CSILE[2], 실제적인 공동체, 인지적 도제, 문제 기반 학습	게시판, 토론 포럼, 가상 채팅 방, 문서 공유 기술, 그룹, 이메일, 웹 우편지역	비동시적, 동시적
성찰 증진	문제기반 학습, 인지적 도제, CSILE, 앵커드 수업	웹 우편 지역, 게시판, 토론 포럼, 이메일, 메모장	동시적, 비동시적, 수집능력
협력과 사회적 협상 증진	CSILE, 문제기반학습, 앵커드 수업, 실제적인 공동체	동시적/비동시적 토론 포럼, 게시판, 그룹, 문서 공유 기술, 비디오 컨퍼런싱 기술, 채팅, 자료공유	동시적, 비동시적, 온라인 검색, 멀티미디어, 수집능력
다양한 관심 증진	인지적 융통성, 하이퍼텍스트, 실제적 공동체, CSILE	하이퍼링크, 그림, 디지털 오디오/비디오, 리스트서브[3], 비동시적 토론 포럼, 검색 엔진	하이퍼미디어, 멀티미디어, 동시적, 비동시적, 상호 작용, 온라인 검색

---

2) Computer-Supported Intentional Learning Environment의 약자로서 학습자들이 협력적 상호 작용을 통해 지식을 생성하도록 지원하는

3) 지원전략

지원전략은 웹 기반 학습 환경에서 학습자들이 스스로 학습 계획을 수립하고 구성하도록 돕는다. 이러한 전략은 학습자들이 다른 전문가나 교수자의 도움을 받아 문제를 해결하는 스케폴딩(scaffolding) 전략이나 학습자들이 전문가의 지도 아래 안내나 조언을 받아 가면서 학습목표를 성취하는 코칭(coaching) 방법을 포함한다.

컴퓨터 지원 학습 모형이다. 이는 하나의 망(net)으로 되어 있는 협력학습 컴퓨터 응용 환경으로서, 이러한 환경을 통해 학습자들은 다른 학습자들과 접속하여 문자, 그림, 영상, 음성들을 표현하여 그들만의 지식을 구축할 수 있다(Dabbagh & Bannan-Ritland, 2005).

3) 리스트서브(listserv)란 특별히 관심을 가진 토론 집단을 위해 학습자나 특정 집단끼리 메시지를 쉽게 교환할 수 있도록 전자우편을 관리할 수 있는 응용 프로그램이다(Dabbagh & Bannan-Ritland, 2005).

<표 1-3> 지원전략 증진 방법

수업전략	교수이론	관련 웹 기술	웹의 사용
모델링과 계획증진	인지적 도제, 시뮬레이션, CSILE, 실제적인 공동체	동시적/비동시적 토론 포럼, 그림, 애니메이션, 비디오 컨퍼런싱, 디지털 오디오/비디오, 웹 우편 지역, 이메일	하이퍼미디어, 멀티미디어, 동시적, 비동시적, 상호 작용, 수집능력
코칭 증진	마이크로월드,[4] 시뮬레이션, 인지적 도제, 문제기반 학습	이메일, 하이퍼링크, 동시적/비동시적 토론 지역, 자기 포함 수업 모듈, 웹 기반 저작도구	하이퍼미디어, 멀티미디어, 동시적, 비동시적, 상호 작용, 수집능력
스캐폴딩 증진	인지적 융통성, 하이퍼텍스트, 문제기반 학습, 마이크로 월드, CSILE, 인지적 도제	하이퍼링크, 이메일, 검색 엔진, 동시적/비동시적 토론 지역, 온라인 자료	하이퍼미디어, 멀티미디어, 동시적, 비동시적, 상호 작용, 온라인 검색, 수집능력

웹 기반 학습이 성공을 거두기 위해서는 주어진 학습 과제에 대한 학습자의 책임감이 선행되어야 한다. 이는 웹 기반 학습 환경에서는 학습자에게 책임감이 좀더 주어질수록 학습자가 교육과정이나 과제에 관심을 갖고 학습목표를 적극적으로 수행하기 때

---

4) 마이크로월드(Microworlds)는 학습자들이 어떤 과정을 이해하거나 개념을 학습하기 위해 경험, 탐구, 실험적 가설 등을 생성하는 데 필요한 도구들을 조정하고 관찰하도록 학습자들에게 탐구와 경험학습 환경을 컴퓨터가 만들어내는 교수모형을 말한다. 이 모형은 시뮬레이션보다 덜 복잡하며 좀더 실제적이다(Dabbagh & Bannan-Ritland, 2005).

문이다. 따라서 경험이나 관심 또는 요구(need)사항이 모두 다른 학습자들이 책임감을 갖고 학습목표에 도달하기 위해서는 개별화된 웹 기반 학습 환경이 허용되어야 한다.

이와 함께 웹 기반 학습에서는 학습자가 학습 환경을 자신의 요구에 맞게 통제할 수 있는 기회가 제공되도록 설계해야 한다. 학습자가 자신의 학습 활동을 언제든지 자유롭게 조절하고 통제하기 위해서는 활동하고 있는 정보의 흐름과 다양한 속도를 위한 경로를 학습자가 즉시 알아볼 수 있도록 시각적으로 제시해야 한다. 이러한 과정은 학습자로 하여금 컴퓨터에 친숙하게 반응할 뿐 아니라 학습 내용을 파악하는 데 도움을 주게 되어 궁극적으로는 학습 의욕을 고취시키고 상호 작용을 촉진하기 때문이다. 학습자의 통제 기법으로는 예를 들어, 학습자들이 버튼을 눌러서 부적절한 응답에 연결되었을 때 친절하게 올바른 응답이나 피드백을 준다든지, 또는 학습자들을 격려하기 위한 음성 신호나 짧은 메시지가 나오게 하는 것도 좋은 방법이 될 것이다. 이러한 통제 기법은 학습자들의 자기주도적 학습 활동과 사회적 교호작용을 통해 적극적인 학습이 일어날 수 있도록 학습의 흐름과 선택을 학습자에게 배려할 필요가 있다.

웹 기반 학습 환경에서는 학습자의 자율적인 통제 기법과 함께 사회적 교호작용의 형성이 중요하다. 채팅과 같은 동시적 학습기회는 학습자들끼리 정보를 공유하고 토론이나 정보 수집 활동을 통해 학습자 간에 피드백을 제공함으로써 비판적인 학습능력을 길러주고 상호 작용을 촉진한다. 또한, 집단 간 상호 작용은 학습자 개인의 행동이 이탈되지 않도록 유지하고 증진시키며, 다양한 대화적 상호 작용과 공동체의 성찰 기회를 통해 협력학습을 격려하게 된다.

전자우편이나 Web CT와 같은 웹 기반 학습은 학습자들에게 개인과 사회에 대한 비판적 성찰 경험 기회를 제공함으로써 특정한 학습목표나 관련 지식에 대한 성찰적 안내를 증진하도록 도와준다. 즉, 학습자들은 특정 주제에 대해 이미 알고 있는 다른 학습자들에게 물어볼 수 있으며, 동료들이 수행하는 성과에 대해 스스로 판단을 내릴 수 있다. 가장 효과적인 웹 기반 학습 환경은 교육에 관련된 각종 자원들이 기술 시스템, 내용 시스템, 공동체에서의 사회적 시스템, 문제에 대한 토론, 피드백, 인터뷰 등에 사용되도록 확보하는 일이며, 이러한 학습 활동은 궁극적으로 학습자에게 정교화와 협상 및 지식 보존의 기회를 제공한다(Wulff et al., 2000).

지금까지 살펴본 세 가지 전략 ─ 탐구전략, 대화전략, 지원전략 ─ 을 위한 공통적인 교수 모형은 인지적 도제이론과 앵커드 수업 이론을 토대로 실천적인 공동체를 구성한 후, 시뮬레이션이나 마이크로 월드를 사용하여 문제를 해결하는 기법이다. 이러한 전략은 컴퓨터 지원 협력학습(CSILE)과 함께 하이퍼미디어나 멀티미디어를 사용하여 동시적 또는 비동시적 상호 작용과 함께 정보 수집이 가능 하도록 설계되어야 한다. 이러한 전략을 구현하기 위한 웹 기술 관련 요소로는 게시판, 토론방, 문서 공유, 전자우편, 채팅, 리스트 서브, 검색엔진 등을 들 수 있다.

3. 웹 기반 학습 환경에서 고려되어야 할 문제들

학습자들이 웹을 사용하면서 좌절감을 느끼는 것은 웹 사용에 따른 시간 지연의 문제와 함께 길 찾기의 문제(navigation problem)이다(Wallace, 1999). 이러한 문제는 인지적 과부하로 인한 학습자들의 방향감 상실에서 비롯된다고 볼 수 있으며, 그러한 원인은 검색 엔진이 하나의 키워드에 수많은 사이트들로 연결되어 있기 때문이다. 이처럼 수많은 웹 페이지의 늪으로부터 구출되기 위해서는 각각의 페이지에 타이틀을 붙인다든지, 주어진 정보가 어떻게 유용한 정보인가를 제시해야 한다. 웹이 갖는 가변성과 융통성은 언제, 어디서나, 누구든지 정보를 제공하고 탐색할 수 있다는 장점이 있다. 그러나 수많은 정보들은 학습자들에게 정보에 대한 신뢰감과 비판적 사고를 요구하고 있다.

특정 주제만을 다루는 웹 사이트에서는 경쟁적으로 자료를 연결시켜 두었기 때문에 가치 없는 정보이거나 의미 없는 자료가 되기 쉽다. 따라서 웹에 대한 정보의 질을 구분할 수 있는 능력을 길러야 하며, 이러한 훈련은 비판적인 사고력 증진을 위한 체계적인 웹 사용 교육과 함께 학습자의 부단한 노력이 뒷받침되어야 한다.

다른 사람들의 태도를 변화시키는 가장 효과적인 방법 가운데 하나는 보상을 제시하는 것이며, 웹을 사용하는 경우 가장 중요한 사항은 사용자에 대한 관심이다. 배너 광고만이 관심이 아니라 무료 경품이나 각종 대회, 인터넷 사용자에 대한 안내 메시지들은 사용자의 관심을 끌기 위해 사용되고 있다. 관심은 아주 강력한 보상이어서 부정적인 메시지나 평가, 또는 비판적인 내용들이 사람들에겐 엄청난 힘이 되기도 한다. 따라서 웹 기반 학습 환경에서 교수자가 원하는 방향으로 학습자를 안내하기 위해서는 긍정적 강화 방법과 벌을 구분하여 사용할 수 있어야 한다. 다른 사람의 반응이나 토론방에 간단한 답 글을 제시한다든지, 칭찬이나 동의를 사용하는 보상은 보다 큰 학습자의 반응을 유도하기 때문이다. Wallace(1999)는 웹에서 다른 사람의 관점에 동의하지 않거나 그 주제에 관해 토론하고 싶다면 샌드위치 전략이 효과적이라고 제안하고 있다. 이는 칭찬-벌-칭찬을 반복하는 전략으로서 다른 사람의 의견에 대한 존중감과 동시에 자신의 의견이 상대방과 다르다는 것을 보여주기 때문이다. 한편, Lowry 등(2000)은 좀더 고차적인 웹 기반 학습전략을 다음과 같이 제안하고 있다.

첫째, 학습자들이 매체에 대해 좀더 친숙한 방법이 무엇인가를 생각하는 것이다. 학습자들이 원하는 매체에 쉽게 접근하여 참여할 수 있도록 지원하기 위해서는 학습자들이 자기평가 목록을 준비하여 온라인 프로그램에 사용하도록 유도한 후 학습에 필요한 전략을 세워보게 할 수 있는데, 이러한 학습자 정보는 교수자에게 매우 가치 있는 정보가 될 수 있다.

둘째, 학습자들에게 관련된 내용이 무엇인지 직접 물어보아 설계해야 한다.

대체로 수업 설계 원리는 학습자들의 차이를 조절할 수 있는 거시적(macro) 전략을 사용하기 때문에 학습자들의 요구를 무시할 수 있다. 따라서 교수자는 학습자들에게 자신이 원하는 것이 무엇인지를 물어봄으로써, 자신의 필요와 관심을 확인하고 인식시켜 학습자의 요구가 설계에 반영되도록 노력해야 한다.

셋째, 학습 내용을 미리 분석하여 웹 속에 내포된 학습 특성을 고려해야 한다.

웹은 정보를 나누어 제시할 수 있기 때문에, 학습자들은 비구조화된 영역을 탐색하며 학습할 수 있다. 따라서 설계자가 학습 내용의 성질을 인식하는 것은 학습자의 요구를 반영하는 가장 좋은 방법이다.

넷째, 웹 기반 학습 환경에서 가장 효과적인 학습행동이 무엇인지 생각해야 한다.

웹 기반 학습 환경에서 학습의 성공에 대한 중요한 요소 가운데 하나는 학습자가 특정한 프로그램과 일반적인 학습에 대해 자신감과 열정을 갖는 일이다. 따라서 설계자는 학습자에게 가장 효과적인 학습행동을 인지하여 설계에 반영해야 한다.

이외에도 협력학습을 위해 학습 공동체를 구성하여 활용한다든지, 학습자가 시간 관리를 하면서 효율적인 학습을 수행함으로써 학습자의 요구가 반영된 수업 설계가 될 것이다.

제2장 웹 기반 학습 설계

1. 웹 기반 학습 설계 시 고려사항

웹 기반 학습은 학습자의 지식이나 능력을 증진하기 위해 미리 계획된 방법으로 웹을 사용하여 상호 작용을 전달하는 활동으로 정의할 수 있다(Ritchie & Hoffman, 1996). 따라서 웹 기반 학습은 상호 작용 전달과 함께 웹에서 학습자의 활발한 학습 활동을 촉진하고 지원하기 위해 다음과 같은 내용들이 설계할 때 고려되어야 한다.

첫째, 상호 작용을 지원하도록 설계되어야 한다.

웹은 가상공간에서 학습 활동이 이루어지기 때문에 학습자들은 면대면 수업 방식에 비해 문제해결에 어려움을 겪을 수 있다. 웹 기반 학습 환경은 학습자 혼자서 학습해 나가는 자기주도형 학습 형태로 이루어지기 때문에 학습자를 지원하고 격려하기 위해 다양한 상호 작용 전략이 수반되어야 한다. 따라서 어떻게 학습의 효과를 높일 것인가, 그리고 학습자들의 적극적인 참여를 어떻게 지원할 것인가에 대한 고려가 선행되어야 한다. 이를 위해 학습 형태를 개별학습으로 할 것인지, 혹은 협력학습으로 할 것인지를 고민해야 한다. 웹 기반 학습 환경에서는 웹의 특성상 협력학습과 함께 개별학습을 지원하는 복합적인 형태가 바람직하다.

둘째, 학습 내용을 고려하여 설계되어야 한다.

학습의 유형은 내용에 따라서 각각 다르게 결정될 수 있다. 문자나 그림, 음성, 영상 혹은 동영상을 어떻게 배치하고 이용하도록 설계할 것인지에 대한 고려가 필요하다. 학습자의 호기심을 자극하기 위해서는 동영상이나 애니메이션 사용이 적절하겠지만 학습 내용에 따라서는 문자나 그림 사용이 효과적인 경우가 있기 때문이다.

셋째, 시간적인 요인이 고려되어야 한다.

컴퓨터를 사용하는 환경에서 학습자가 인내심을 갖고 기다릴 수 있는 시간은 매우 짧다. 지연시간이 짧을수록 인터넷 사용자들은 대개 만족하지만, 8초나 9초 또는 그 이상 되면 학습자들의 좌절감 수준은 엄청나게 높아진다(Wallace, 1999). 이는 웹(World Wide Web)이 세계적인 기다림(World Wide Wait)이 될 수 있기 때문이다. 따라서 웹 기반 학습 설계는 컴퓨터 망을 통해 정보가 전달되는 시간 즉, 속도(speed)뿐만 아니라 시기(period)에 적절한 메시지나 정보를 제공함으로써 웹의 활용을 효과적으로 유도할 수 있을 것이다.

넷째, 웹에서의 정보 수정이 자유로워야 한다.

웹의 장점 가운데 하나는 다른 자료에 비해 언제든지 학습 내용의 수정이나 편집이 쉽다는 점이다. 따라서 전문적이고 신뢰성 있는 자료를 최신의 것으로 신속하게 수정하여 제시할 수 있도록 설계되어야 한다.

다섯째, 학습자의 학습 환경이 우선 고려되어야 한다.

웹을 사용하는 경우 일시에 많은 사람들이 접속한다든지, 인터넷에 접속할 수 없는 지역에 위치한 학습자들은 웹 기반 학습에 어려움이 많다. 따라서 지리적으로 멀리 있는 학습자가 언제든지 컴퓨터의 과부하로 인한 장애를 받지 않고 접속할 수 있는 물리적인 컴퓨터 시스템 구축과 함께 다운로드를 받아서 오프라인 상태에서도 필요한 자료를 제공받을 수 있도록 설계되어야 한다.

2. 웹 기반 학습 설계 전략

Mager(1984)는 교수 설계를 할 때 다음과 같은 세 가지 질문을 설계자 스스로에게 던져보아야 한다고 말하였다.

첫째, 가려는 곳은 어디인가?(교수 목표는 무엇인가?)

둘째, 그곳에 어떻게 도달할 것인가?(교수 전략과 교수 매체는 무엇인가?)

셋째, 언제 그곳에 도착했는지 어떻게 알 수 있는가?(검사는 어떤 형태이며, 어떻게 교수 자료를 평가하고 수정할 것인가?)

Mager의 이러한 주장은 교수 설계를 목표(Where), 방법(How), 시기(When)의 세 가지 관점에서 설명한 것이라고 볼 수 있다. Smith와 Ragan(2005)은 Mager의 주장을 토대로 교수설계 과정을 [그림 2-1]과 같이 분석, 수업전략의 선정, 평가 등 세 가지 단계로 제안하였다. 여기서 분석단계는 학습자가 지니고 있는 다양한 학습 환경이나 맥락(context)과 함께 학습자 및 학습과제에 대한

분석을 뜻하며, 이러한 분석과정을 통해 교수자는 무엇을 평가할
것인지를 결정할 수 있기 때문에 평가 항목은 분석단계에서 결정
되어야 한다. 둘째, 전략단계에서는 조직전략, 전달전략, 관리전략
을 결정하는 과정으로서, 수업에 관련된 다양한 전략들을 작성하
고 산출해야 한다. 마지막으로 평가단계는 형성평가를 통해 교수
과정을 수정하고 점검하는 단계이다. 이러한 수정과정은 평가단계
뿐만 아니라 분석, 전략, 평가의 모든 단계로 되돌아가 단계별로
다시 한번 점검하고 부족한 내용들은 보완되어야 한다.

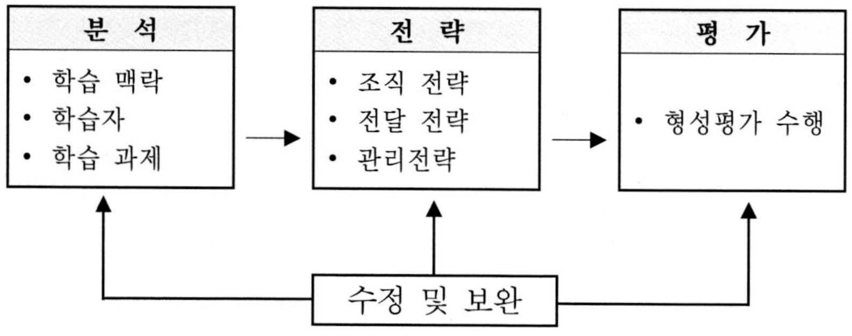

[그림 2-1] Smith와 Ragan(2005)의 교수 설계 과정 모형

성공적인 웹 기반 학습을 수행하기 위해서는 무엇보다 학습자
의 요구와 필요에 적합한 웹 사이트가 설계되어야 한다. 학습자
중심의 웹 사이트를 설계하기 위해서는 설계 초기 단계에서부터
학습자에게 초점을 맞추어 설계될 필요가 있다.

Badre(2002)는 학습자 중심의 웹 기반 수업 설계를 위해서 시
나리오(scenario), 맥락(context)5), 사용자 뷰(userview)의 세 가

지 개념에 기초한 설계가 중요하다고 주장하였다. 좋은 시나리오란 ① 웹 사이트의 사용 조건 ② 웹 사이트의 사용 목적 ③ 웹 사이트의 사용자 ④ 웹 사이트의 사용 방법을 의미한다. 따라서 웹 설계자가 시나리오 구성을 위해서 제안할 수 있는 종류는 매우 많다. 예를 들어, 학습자들이 학교 홈페이지에 접속하여 학습 자료를 다운받는다고 가정할 때 여기서 얻을 수 있는 시나리오는 학습자의 정보나 학교 홈페이지 주소, 학습자료 등 다양하게 얻을 수 있을 것이다.

맥락은 객체나 기능 간의 상호 관계와 이들을 둘러싸고 있는 환경을 뜻한다. 전체는 부분들이 모여서 구성되듯이 부분이 하나의 객체가 되는 것이며, 이러한 객체들 간의 관계가 웹에서는 정보를 담을 수 있는 노드(node)가 된다. 이러한 노드는 문자나 그림, 또는 음성 및 영상 등 다양한 형태를 지닌 정보가 위치해 있는 부분이며, 이러한 노드를 연결해 주는 것을 링크(link)라고 부른다. 웹에서는 노드나 링크와 함께 학습자에게 현재의 위치를 알려주는 버튼(button)들로 구성되어 있기 때문에(남정권, 2001) 설계자들은 객체를 둘러싸고 있는 다양한 물리적, 인지적 요소들을 어떻게 결합할 것인가를 고려해야 할 것이다. 따라서 웹 사이트를 설계하는 데 있어서는 환경, 학습자, 장르, 사이트, 페이지 등에 대한 맥락이 고려되어야 한다. 환경 맥락이란 학습자가 웹 사이트를 방문할 때 물리적이며, 인지적 공간을 구성하는 것이며, 학습자 맥락이란 학습자의 문화적, 신체적 제약을 의미한다. 그리고 장르 맥

---

5) 역서에서는 정황으로 번역되어 있으나, 학습자의 다양한 환경과 조건을 포함하는 광범위한 의미로 사용하기 위해 맥락(context)으로 사용하기로 한다.

락이란 해당 학습이 속해 있는 위치를 나타내는 것이며, 사이트 맥락은 사이트 특성에 대한 사용자 인터페이스를 뜻한다. 이외에도 페이지마다 독특한 설계 제약에 해당하는 페이지 맥락이 맥락적 요소로서 적용되어야 한다. 위에서 설명한 학교 홈페이지에 접속하여 학습 자료를 다운받는 경우의 맥락적 설계는 다음과 같다. 학교 홈페이지의 환경 요소로는 학습자가 개인별로 접속할 것인지 또는 집단에 접속할 것인지를 구분하는 것이다. 학습자 요소란 학교 홈페이지 방문객 가운데서 학습 자료를 다운받기 위한 대상이 일반인이 아닌 해당학교 학생일 경우, 접근 허용 범위를 어느 학년이나 어느 학급까지 허용할 것인지를 고려하는 방식이다. 장르 요소는 학교 홈페이지에 접근하기 위해 인터넷 공간에서 먼저 교육에 관련된 영역을 찾아본 후 학교를 찾아가게 할 것인지, 혹은 직접 학교명을 입력하여 원하는 학교 홈페이지에 접근할 것인지를 결정하는 방식이다. 사이트 요소는 학습 자료의 다운 속도를 고려하여 검색 기능을 사용하지 않는 것이고, 페이지 요소는 일반적인 원칙을 벗어나는 설계방식을 의미한다.

이처럼 맥락을 고려한 설계가 어떤 상황이나 객체 간의 관련성에 관한 것이라면, 사용자 뷰 프로세스는 어떤 상황에서도 해결책을 제시할 수 있는 좀더 체계화된 전략을 뜻한다. 따라서 사용자 뷰 프로세스는 학습자가 수행 과제를 중심으로 문제를 해결해 나갈 수 있도록 인터페이스(interface)를 구성해야 한다. 이러한 인터페이스의 구성은 학습자의 면담과 관찰 내용을 토대로 학습자의 학습 수행과정을 분석하는 것으로부터 시작되어야 하며, 학습자에게 프로토타입(prototype;원형)을 보여주어 사전에 실행해본 후, 피드백을 통해 지속적으로 사이트를 수정하고 개선해 나가도록 설계되어야 한다.

개발 중인 프로젝트가 다양한 관점에서 수정되고 개선되려면 지금까지 고려된 내용들이 문서화되어야 하고 이들 문서를 바탕으로 스토리보드를 제작한 후, 학습자 상호 작용적인 프로토타입을 만들어 웹 사이트의 초기 작품을 개발하게 된다.

지금까지 설명한 과정을 그림으로 나타내면 [그림 2-2]와 같다.

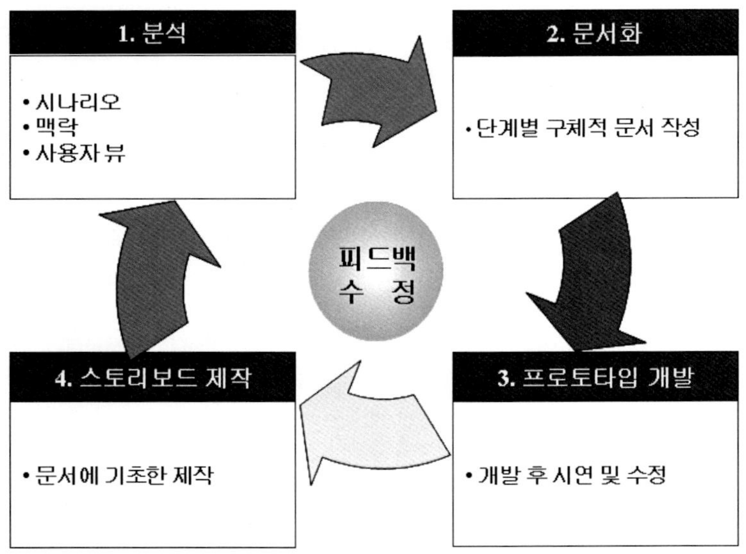

[그림 2-2] 학습자 중심의 웹 사이트 설계 과정

3. 효과적인 수업 설계를 위한 이론적 기초

Moore와 Kearsley(1996)는 교수 학습의 상호 작용 방법으로 학습자와 교수자 간의 상호 작용, 학습자 간의 상호 작용, 학습 내용과 학습자 간의 상호 작용을 제시한 바 있다. 따라서 효과적인 수업 설계를 위해서는 학습자들이 어떠한 인지구조를 지니고 있으며, 두뇌 속에서 받아들인 정보가 어떻게 처리되는가를 살펴봄으로써 웹 기반 학습 환경에서 상호 작용을 지원하는 바람직한 설계가 될 것이다. 이러한 분석은 학습자의 인지구조에 기초한 정보 처리 이론을 근거로 가능할 것이다.

인지주의 관점에서는 세계 속에 존재하는 객관적인 사실이나 정보들을 필요에 따라 효과적으로 조직하고 인출하여 문제를 해결하고, 정보를 처리하거나 추론하기 위해 메타인지 전략과 함께 정보의 구조화와 계열화를 강조하는 수업 설계가 필요하다. 이미 습득된 학습 결과를 효과적으로 전이하기 위한 학습 환경이 되기 위해서는 [그림 2-3]과 같이, 단기 기억고(short-term memory)에 저장되어 있는 단편적이며 일시적인 지식들이 기억 활성화 장치를 통해 장기기억고(long-term momory)에 저장되도록 인지구조를 체계적으로 변화시켜 주어야 한다. 이러한 인지구조의 변화는 유의미한 학습 내용들을 구조화시킬 수 있다.

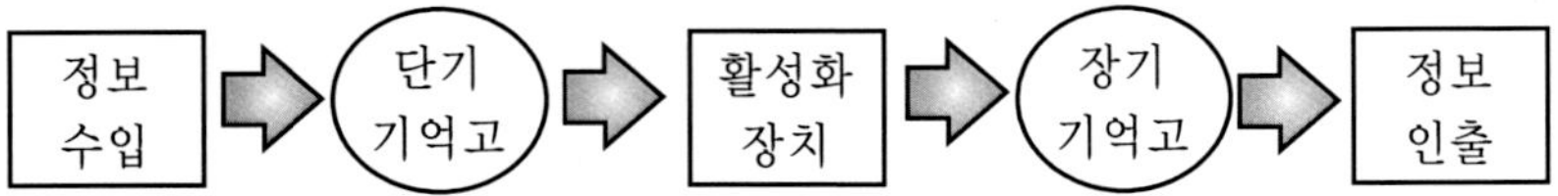

[그림 2-3] 인지구조의 처리 과정

정보처리 이론은 인간의 기억구조를 분석한 것으로서, 학습자에게 받아들여진 정보가 단기 기억고에서 우선 기억된 후, 기억 활성화장치를 통해 장기기억 속의 정보를 활성화시켜 학습이 이루어진다고 보는 이론이다.

Gagne와 Briggs(1979)는 학습자의 장기기억 속에 존재하는 정보들이 언어정보, 지적기술, 인지전략, 운동기술, 태도 등 다섯 가지 요소들로 이루어져 있으며, 이러한 요소들은 환경으로부터의 자극과 함께 인간의 인지적 정보 처리과정을 통하여 습득된다고 주장하였다. 따라서 학습은 이러한 다섯 가지 범주가 학습의 결과로서 나타나는 것이며, 교수자는 여러 가지 사건(events)들을 통해 학습자의 내적상태와 인지과정에 대한 다섯 가지 변화가 나타나도록 해야 한다.

첫째, 인지과정에서 언어정보(Verbal information)의 기능

언어정보에 관한 학습은 거의 모든 교과목에 필수적인 요소로서, 학습자가 다음 학습을 진행하는 데 필요한 정보들을 제공한다. 예를 들어, 인간의 정보처리 구조와 비슷한 컴퓨터 학습에 있어서 인간의 내적 정보처리을 위한 두뇌와 인간의 신체구조에 관한 기능을 학습자에게 미리 설명할 경우, 학습자는 컴퓨터의 정보처리 구조인 중앙처리장치나 주변장치 등을 보다 쉽게 이해하게 된다.

이처럼 언어정보는 학습의 전이를 도울 뿐만 아니라 다음 학습 진행을 위한 학습 방향이나 지침을 제공한다.

둘째, 인지과정에서 지적 기술(Intellectual skills)의 기능

지적기술이란 다음단계의 학습과 사고를 발전시키는 기능으로서, 지적기술을 습득한 학습자는 여러 상황에서 그 기술이 어떻게 적용되고 사용되는지를 보여줄 수 있다. 예를 들어, 수필을 쓰는 경우 학습자가 비유법을 먼저 익히게 되면 보다 쉽게 문장을 쓸 수 있게 된다. 여기서 지적기술은 수필을 쓰기 위해 미리 익혀놓은 비유법을 의미한다. Gagne와 Briggs(1979)는 이러한 지적 기술의 형태를 식별능력, 구체적 개념, 정의된 개념, 법칙, 고도의 법칙으로 구분하였다. 식별능력이란 학습자가 여러 자극들을 속성별로 분류할 수 있는 능력을 의미하며, 구체적 개념이란 습득한 개념이 사용되는 구체적인 경우를 파악할 수 있는 것을 뜻한다. 또한 정의된 개념이란 언어적 정의를 사용하여 사건이나 사물 또는 상태를 구분할 수 있는 것을 말하며, 법칙은 특정 법칙의 적용을 시범적으로 보일 수 있는 것인 데 반해, 고도의 법칙은 학습한 법칙을 기초로 새로운 법칙을 만들어 내는 것을 의미한다. 따라서 유용한 학습 설계를 위해서는 학습자가 이러한 지적기술을 다양하게 활용할 수 있도록 안내되어야 한다.

셋째, 인지과정에서 인지전략(Cognitive strategies)의 기능

인지전략이란 학습자의 사고과정이나 학습과정 또는 학습행동을 규제하고 관리하는 학습자 내부의 조직전략이다. 예를 들어, 학습자에게 전지와 꼬마전구를 나누어준 후 학습자에게 여러 가지

시행착오를 겪게 함으로써 스위치의 개념을 익히도록 유도하는 전략이다. 따라서 다양한 학습 상황 속에서 학습자가 오랜 기간과 여러 가지 경험을 통하여 습득되도록 하는 전략이며, 시뮬레이션 학습을 통해서 효과적으로 구현할 수 있다.

넷째, 인지과정에서 운동기술(Motor skills)의 기능

운동기술이란 운동수행을 가능하게 하는 것으로서, 다른 전략에 비해 눈으로 가장 쉽게 관찰될 수 있는 전략이다. 예를 들어, 타자기를 잘 치는 학습자는 컴퓨터 자판을 보다 쉽게 사용할 수 있기 때문에 컴퓨터 자판을 익히기 이전에 타자기의 자판을 익히게 하는 학습전략이다.

다섯째, 인지과정에서 태도(Attitude)의 기능

학습자는 어떤 특정한 사건이나 사물 또는 사람에 대해서 좋거나 싫은 성향을 일관성 있게 나타낼 수 있다. 태도는 어떤 상황에서도 같은 행동이나 선택을 하도록 요구하는 것은 아니지만, 오랜 시간동안 여러 상황의 관찰을 통해 학습자의 태도를 알게 된다. 예를 들어, 미술 관람에 긍정적 태도를 지닌 학습자라고 해서 반드시 미술 관람을 선택하지는 않는 경우이다.

위에서 제시한 것처럼 효과적인 학습 설계를 위해서는 인지처리 과정의 다섯 가지 요소가 결합되어 학습 정보를 명확하고 의미 있게 제시되어야 하며, 충분한 연습 기회를 통해 학습자가 직접 적용해 볼 수 있는 기회가 제공되어야 한다. 수업과정에 필요한 다섯 가지 학습 요소들의 결합에 의한 수업전략은 〈표 2-1〉과 같다(남정권, 2001).

〈표 2-1〉 다섯 가지 학습 요소에 의한 수업전략

전개 과정	교수활동: 학습의 내적측면	학습의 다섯 가지 요소				
		언어정보	지적기술	인지적 전략	운동기술	태 도
도입	주의의 획득: 주의	생략	생략	생략	생략	생략
	학습자에게 목표제시: 기대	학습 이후 할 수 있는 것의 진술	개념 또는 법칙 적용에 대한 행동 진술 및 시범	기대되는 해결책의 전략 진술	기대되는 수행 행동 시범	생략
	선수학습 능력의 재생자극: 재생	이미 알고 있는 지식을 기억 하도록 자극	새로 학습할 하위개념, 법칙, 언어정보의 기억 필요	과제 해결에 필요한 법칙, 개념, 정보의 기억 재생	실행의 하위 단계와 기술 부분 기억	선택과 관련된 상황, 행동, 정보 기술의 기억
전개	자극 자료의 제시: 자극 요소들의 선택적 지각	구두, 음향, 인쇄매체 이용한 주요사항 강조	사물, 상징의 특징을 부각한 강조기법 활용	새로운 문제 상황 제시 및 진술	도구나 기구를 사용한 수행 상황 제시	인간 모델에 대한 일반적 성격을 서술한 시범
	학습지침의 제공: 의미 있는 정보의 저장	자극내용을 지식, 경험과 연결한 구체적 예시	개념의 구체적이고 다양한 적용 사례	구체적인 예를 들고 문제 상황에 알맞은 힌트 제공	계속적인 연습과 피드백 제공	인간 모델 행동에 대한 긍정적 피드백 관찰
	수행행동의 유도: 재생과 반응	학습자 스스로의 용어로 제시	새로운 상황에 개념, 법칙 적용	새롭고 도전적인 문제 제공	전체적으로 학습된 수행 기술 수행	미지의 문제에 대한 행동의 선택 유도
	수행행동에 관한 피드백 제공: 강화	정보 진술의 정확성 확인	개념, 법칙의 상황 적용 확인	문제해결의 창의성 확인	학습자 수행에 대한 정확성의 정도, 시간	행동선택에 대한 직·간접 강화
정리	수행행동의 평가: 자극에 의한 재생	학습된 정보의 진술 및 발전	학습된 개념, 법칙의 상황 적용 요구	문제 상황에 의한 해결책 창조 요구	전체적으로 학습된 기술 수행	실제 상황, 모의상황에서 행동을 선택하게 함
	기억 및 전이 높이기: 일반화	연습 기회의 제공	일정한 간격 두고 복습 기회 제공	다양한 문제의 해결책을 찾는 기회 제공	계속적인 기술 연습	여러 상황 제시한 행동 선택 기회 제공

교수설계의 방법은 서술적 방법과 처방적 방법으로 나눌 수 있다. 서술적 방법이 a라는 조건에서 b라는 방법을 실행하였더니 c라는 결과가 나온다는 연역적 방법인 반면, 처방적 방법은 b라는 조건에서 c라는 결과를 얻기 위해서는 a라는 방법을 사용해야 한다는 귀납적 접근 방법이다. 따라서 교수설계는 학습 내용과 환경에 따라서 두 가지 방법을 선택적으로 사용해야 되겠지만, 학습자의 경험을 토대로 지식을 만들어 가는 구성주의 관점에서는 귀납적 접근법에 근거한 처방적 방법이 설득력이 있을 것이다. 모든 문제의 해결을 위해서는 문제가 발생하게 된 동기와 원인을 찾아보고 진단해본 후, 그러한 분석을 토대로 적절한 방법을 처방해야 한다. 이러한 분석을 기초로 한 처방적 이론은 매체를 학습 환경에 적용해야 하는 경우 적절하게 사용될 수 있다. 예를 들어, 초등학교 1학년 수업시간에(조건) 학습자의 주의를 집중시키기 위하여(결과) 비디오 자료를 활용했다면(방법) 이는 처방적 교수설계 이론에 해당된다. 여기서 비디오를 활용하라는 처방은 수업 환경이 초등학교 1학년 수업시간이라는 진단과 분석을 통해 얻어진 것이다. 따라서 웹을 포함한 다양한 매체들이 학습에 활용되기 위해서는 전략적으로 문제해결에 가장 적합한 방법을 제시하는 처방론적 이론에 기초를 두고 설계될 필요가 있다. 그러한 이유는 사실, 개념, 절차, 원리에 관한 학습 내용들이 원하는 학습목표에 도달하기 위해서는 최적의 매체를 선정해야 하기 때문이다. 교수 설계자가 학습 설계를 하면서 고민해야 하는 이유가 바로 여기에 있다.

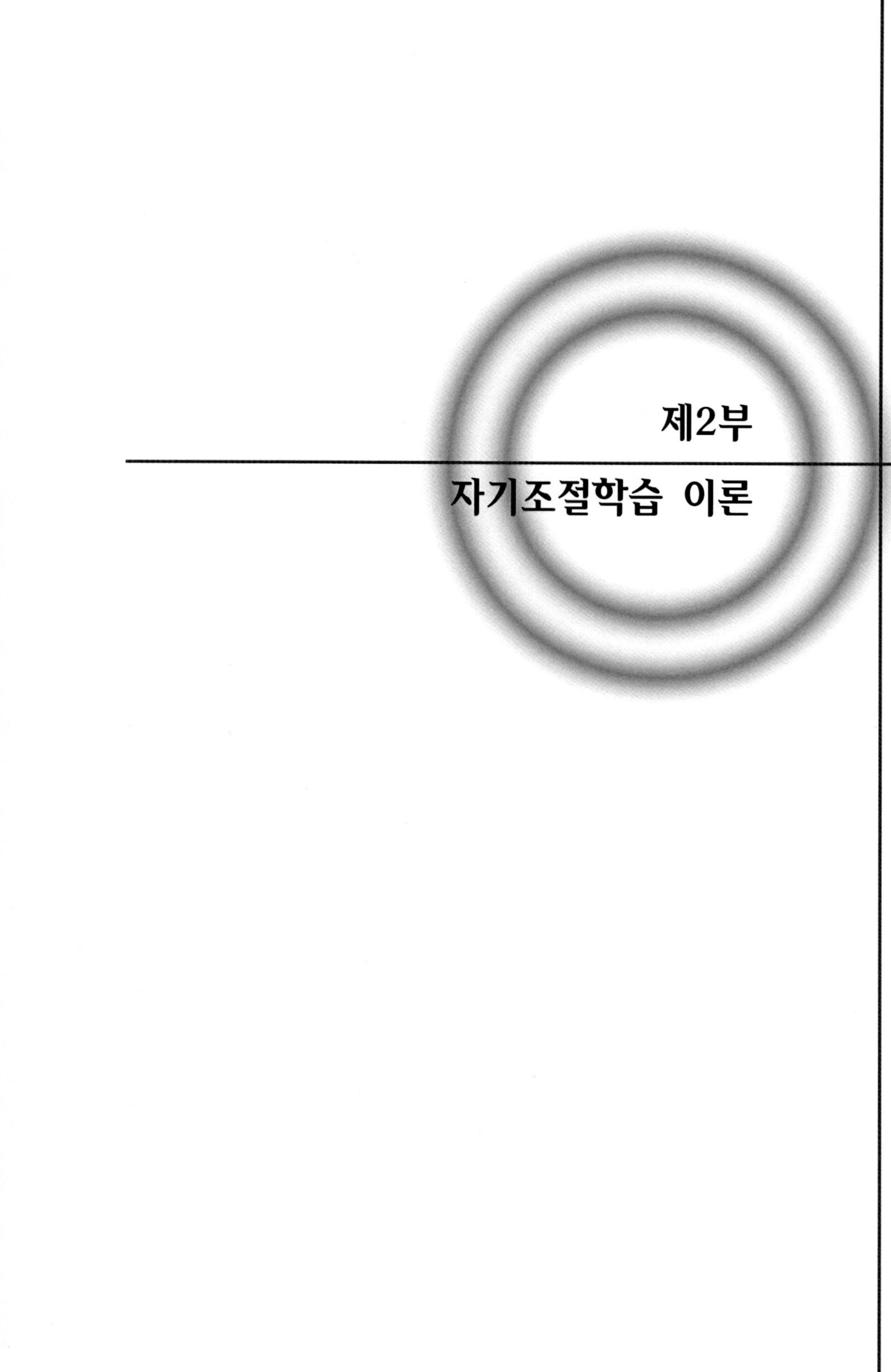

제2부

자기조절학습 이론

제3장 자기조절학습의 이론적 고찰

1. 자기조절학습

1) 자기조절학습의 개념

자기조절학습은 이미 오래전부터 논의되어 왔으며(Graham, Harris, & Troia, 1998; Hofer, You, & Pintrich, 1998; Pressley et al., 1998; Schunk, 1998), 최근에는 구성주의와 인지 심리학 분야에서 자기조절학습의 중요성이 부각되면서(Schraw, Kauffman, & Lehman, 2004; Zimmerman, 1989a) 학습자 중심의 자기조절학습 지원 방법에 관심을 갖게 되었다. 그러나 그동안의 연구는 자기조절학습에 대한 정확한 개념의 이해보다는 자기조절학습의 중요성만을 언급하는 것이 일반적이었다.

자기조절학습에 대한 개념은 학자에 따라 다양하게 정의되고 있으나, 구체적인 탐구는 Bandura(1997)의 사회인지 학습 이론에서부터 시작되었다. Bandura 이론의 핵심은 학습이 개인적, 환경적, 행동적인 요소의 결과로 표출된다는 개념에 기초하고 있지만, 자기조절학습에 대한 사회인지적 접근은 인지의 다양성과 메타인지, 동기적 구성요소로 결정된다(Butler & Winne, 1995; Zimmerman, 2000).

Zimmerman(1989b)에 의하면 자기조절은 학문적인 목표 도달

과 수행을 위해 학습자가 '메타인지적, 동기적, 행동적'으로 그들
자신의 학습과정에 능동적으로 참여하는 것으로 정의될 수 있다.
여기서 능동적인 참여란 학습자들이 자신의 학습을 개선하고 몰
입(deepen)하고 감시하며 조정하는 것이다.

한편, Lindner와 Harris(1992)는 자기조절학습에 있어서 과제의
성공적인 해결을 위해 환경적인 내용 요소들과 함께 인지, 메타인
지, 동기, 지각의 유용성 등에 관한 통합적 연구의 필요성을 지적
하였다. 따라서 최근의 자기조절학습에 대한 개념은 인지적, 동기
적 측면뿐만 아니라 학습자의 외현적인 행동을 조절하고 학습 환
경의 통제와 활용을 다루는 통합적인 방향으로 사용되고 있다
(Pintrich, 2000).

2) 자기조절학습의 특징

자기조절학습은 속성상 여러 가지 특징을 갖고 있다. 첫째, 내재
된 자기조절학습 전략은 학업 성취를 높인다. 자기조절학습자의
성공적인 학습 수행이 가능한 것은 McCombs와 Marzano(1990)가
제시한 네 가지 속성을 지니고 있기 때문이며, 이는 학습자 자신
에 관한 지식, 주어진 학습 과제와 환경에 관한 지식, 다양한 학습
전략에 관한 지식, 학습 주제와 관련된 내용에 관한 지식을 가리
킨다. Glaser(1984)의 지적대로 주어진 맥락에 대한 해석과 표현
을 조정하는 지식구조를 갖고 있는 학습자는 그렇지 못한 학습자
보다 자기조절학습 전략이 우수한데, 이는 학업 성취를 높이는 지
식구조가 내재된 자기조절학습을 통해서 획득할 수 있기 때문이

다. 내재된 자기조절학습에 관한 여러 연구(박홍균, 2001; Barba, 1993; Barba & Merchant, 1990; Beasely & Waugh, 1995)에서 자기조절학습은 학업 성취를 높이는 데 효과적이었으며, 특히 규칙이나 원리 학습은 위계적으로 구조화하여 내재된 자기조절학습 설계가 필요하다고 주장하였다. 둘째, 자기조절된 학습자들은 학습자 스스로 메타인지를 통하여 학습을 수행한다. 자기조절학습은 학습과정이 비선형적이며 순환적인 구조를 갖고 있기 때문에(Butler, 1994; Butler & Winne, 1995) 다양한 전략을 적용하는 복잡한 과정이다(Pressley, 1995). 따라서 과제를 해결하기 위하여 참여하는 학습자들은 적응적(adaptive) 태도(Paris & Byrnes, 1989)와 메타인지를 통해 학습 맥락과 조건에 관련된 기술이나 지식을 선택하여 사용하는 적용성(適用性)을 갖는다. 이는 전문가들이나 자기조절된 학습자들은 학습 구조가 잘 조직되어 있거나 전문 영역의 지식을 갖고 있으며(Alexander & Judy, 1998; Bruer, 1993; Ertmer & Newby, 1996), 특정한 상황에서 그들의 전문성을 사용하는 방법을 알고 있기 때문이다. 셋째, 자기조절학습은 학습자에게 학습 활동에 대한 책임감을 갖도록 지원한다. 자기조절학습의 참여는 학습과정과 결과에 있어서 학습자에게 책임감의 인식을 증대시킨다(Garcia & Pintrich, 1991). 이는 동기와 관련되어 학습자들이 목적을 설정하고 새로운 학습전략을 이끌어 내며 새로운 기술을 시험할 수 있는 적극적인 학습관(學習觀)을 갖게 된다. 따라서 자기조절된 학습 환경이 학습과정에서 학습자의 능동적인 참여를 요구함으로써 그들의 학습을 위해 좀더 책임감을 갖는 성공적인 학습이 가능하다(Hannafin et al., 1994; Lebow, 1994; Wang & Habelow, 1994).

2. 자기조절학습의 개념적 틀

Zimmerman(2000)은 자기조절학습 정도를 결정짓는 요소는 동기, 방법, 시간, 행동, 물리적 환경, 사회적 환경 등 여섯 가지라고 주장하였다. 이러한 Zimmerman의 주장을 학습자가 과제를 수행하는 경우로 분류해보면 〈표 3-1〉과 같다. 학습자는 어떤 과제를 수행하기에 앞서 어떤 주제를 수행할 것인가를 고민하게 된다. 이러한 학습자의 주제 선택을 돕기 위해서는 동기가 부여되어야 하고 다음으로 학습자가 과제를 수행하도록 과제 수행 방법이 제시되어야 한다. 이때 고려해야 하는 것이 학습자가 과제를 수행하는데 소요되는 시간 관리와 함께 학습자가 취해야 할 수행 절차가 마련되어야 하며, 이 밖에도 학습자를 지원할 수 있는 물리적 또는 사회적 환경이 구축되어야 한다.

〈표 3-1〉 Zimmerman의 자기조절학습 분류

자기조절학습 요소	학습자의 과제 수행
동 기	과제의 주제 선택
방 법	과제 수행 방식의 선택
시 간	기간 내 학습자 시간관리
행 동	과제 수행 절차의 선택
물리적 환경	과제 수행 환경 및 배경 선택
사회적 환경	동료 및 교사의 도움 요청 환경

강명희·김세은(2002)은 자기조절학습 촉진 전략으로 〈표 3-2〉
와 같이 메타인지, 인지, 동기 등 세 영역에 관해 11개의 하위요소
를 설정하고 각각의 자기조절학습 촉진 전략을 제시하였다. 이러
한 자기조절학습 촉진 전략은 학습자가 온라인 학습 과제를 사용
하여 자기조절학습 능력을 향상시키는 데 기여하였으며, 학습자가
장기적인 과제 수행을 위해서는 어느 정도 의무적인 전략 활용
방안이 마련되어야 한다고 제안하였다.

〈표 3-2〉 온라인 학습 과제를 위한 자기조절학습 촉진 전략

구성요소		자기조절학습 촉진 전략
메타인지 전략	계획 활동	퀴즈 및 이론 과제에 대한 계획 양식 제공하기
	감 시	수업 내용을 회상하고 이해 정도를 점검할 수 있는 질문 제공하기
	조절전략	질문을 제공할 때는 학습자가 모르는 것을 확인할 수 있는 통로 및 강화 멘트를 함께 제공하기
	자원관리	자신의 시간 관리를 돌아볼 수 있도록 점검하는 양식을 학습 초반에 제공하기
인지 전략	시연(반복)	수업 후 중요한 내용 상기하기
	정교화	적극적인 노트 필기 강조하기
	조직화	개념지도 작성 및 개념 지도 예시 안을 제공하기
동기 전략	자기 효능감	자기조절학습 능력 검사 결과와 동시에 긍정적인 피드백을 제공하기
	내적 가치	내외적 가치를 고취시키기 위해 매주 전공 관련 선배 1인과 인터뷰 제공하기
	외적 가치	
	시험불안	시험 전에는 시험 불안을 극복할 수 있는 팁(Tip)을 제공하기

한편, Woolfolk(1998)는 7개 영역을 기초로 〈표 3-3〉의 TARGETT 프로그램을 제시하였는데, 이는 기존의 프로그램에 교사 기대감 항목을 추가하여 재구성한 것이다. 이 프로그램은 교사가 학습자 동기에 영향을 미칠 수 있기 때문에 교사가 학습자에 대해 지니고 있는 믿음과 기대를 중요한 요인으로 보았다.

〈표 3-3〉 TARGETT 자기조절학습 프로그램

영 역	주안점	목 표
과제 (Task)	학습과제 구성 방법, 학습자 요청 사항	학습과제의 내재적 매력성 증가, 의미 있는 학습 창조
자발성/응답 (Autonomy/respons)	학습 또는 학교 결정에 학습자 참여	학습자 선택과 책임을 위한 최적의 자유 제공
인식 (Recognition)	인식의 속성과 사용 및 보상	학습을 위한 인지기회제공, 목적 달성의 진행 인지, 탐구 및 혁신 도전 인지
집단화 (Grouping)	학교 학습과 경험의 조직	모든 학습자의 수용과 참여의 환경 구축, 사회적 상호 작용의 광범위한 영역 및 사회적 기술 증대
평가 (Evaluation)	평가의 속성과 사용 및 사정 절차	과정 보고 및 등급 매기기, 표준 검사의 사용에 의한 관련 실습
시간 (Time)	학교 일정의 계획	학습자가 필요한 일정과 학습 과제 수락, 학습 과제를 포함하는 중요하며 확장적인 기회 제공
교사 기대감 (Teacher Expectations)	학습자에 대한 믿음과 기대	모든 학습자를 위한 높은 기대 유지, 성장 기대치에 관한 의사소통

지금까지 살펴본 자기조절학습 프로그램을 토대로 웹 기반 학습 환경에 적합한 자기조절학습 프로그램을 재구성하면 〈표 3-4〉와 같다. 우선 메타인지, 행동, 환경 및 동기 등 네 가지 영역을 대분류로 한 후, Woolfolk(1998)가 제안한 7개 요소를 중심으로 요소별로 학습 내용을 추출하였다.

〈표 3-4〉 재구성된 자기조절학습의 개념적 틀

자기조절학습 단계		내 용
과 제	메타인지(계획)	학습목표 및 자기조절 계획 설정
자발성/응답	행 동	조장 바꾸기
인 식	메타인지(관리)	학습 여정 되돌아보기
집단화	환경(사회적)	그룹 생각 나누기(상호 작용)
평 가	메타인지(감시)	내 수준 알기(개선 방)
시 간	메타인지(조절)	과제 시간 설정하기(지연시간 관리), 학습 진도 알기
교사 기대감	동기(자기효능감)	성찰을 통한 수정 및 개선 기회

3. 자기조절학습의 분류

학습이란 인간의 능력이나 태도, 관심 또는 가치에 있어서 연속적인 변화로 정의(Driscoll, 1994; Gagne, 1985)되며, 학습 이론에서는 연속적인 변화와 함께 심리학적·철학적 관심의 이동을 포함하고 있다. 이러한 변화와 이동은 사회와 매체에 적용되어 전통적인 교육 시스템과 이에 기초한 심리학적 원리에 영향을 미치고 있다(Reigeluth, 1996). 이는 학습의 개념은 지식의 구성이며, 학습 과정에서 학습자 개인의 책임에 초점을 맞추는 교육환경의 변화를 의미한다. 따라서 '무엇을 배웠는가'라는 학습 결과보다는 '어떻게 배웠는가'라는 학습과정을 강조하며(Bereiter, 1990; Brown, collins, & Duguid, 1989; Hannafin, 1992; Maxwell, 1995), 이러한 변화의 관점은 학습 환경의 개념화에 있어서 변화를 주도하고 있다(Collins, Greeno, & Resnick, 1994). 기존의 자기조절학습 개념은 단순히 전통적인 교실학습 환경에서 학습자의 인지구조에 초점을 두었으나, 학습 환경의 변화와 매체 등장으로 인해 다음과 같이 다양한 관점에서 논의될 수 있다.

1) 정보처리 관점에서 자기조절학습

정보처리 관점에서 자기조절학습은 인지적이며 메타인지적인 모습으로 학습을 개념화하고 있다(Corno & Mandinach, 1983; Derry & Murphy, 1986; Flavell, 1979; Schmitt & Newby, 1986). 기존의 정보처리 관점은 학습을 지식 또는 기능습득의 과정으로 보고 학습자의 사고와 이해를 기능적 처리과정에 초점을 맞추었다. 그러나 학습에 대한 최근 연구들이 인지와 학습을 새로운 시각에서 접근함으로써 학습 활동이 인간의 머릿속 구조나 과정만으로 인지되는 것이 아님을 인식하게 되었다(Crook, 1994). 따라서 웹 기반 학습 환경에 있어서는 인지적 활동들을 학습자가 독립적으로 수행하도록 요구하기 때문에 광범위한 인지적 기술과 메타인지적 지식을 통합적으로(Linn, Shear, Bell, & Slotta, 1999) 이용해야 한다. 한편, Schmitt와 Newby(1986)는 메타인지를 인지적인 노력을 기울이는 동안 요구되는 '전략과 정신적 과정의 인식'으로 정의하고 관찰 가능한 메타인지의 모습을 자기조절이라고 제안하였다.

2) 사회인지적 관점에서 자기조절학습

사회인지적 관점에서 자기조절은 '메타인지적, 동기적 또는 학문적 목적을 이루기 위해 인지적인 전략들을 체제적으로 사용하는 능력'으로 규정하고 있으며(Kuhl & Kraska, 1994; Zimmerman, 1990; Zimmerman & Schunk, 1989), 개인적 인식, 행동 및 환경 조건 간의 상호 작용 과정으로서 자기관찰, 자기판단, 자기반응을 의미한다(Schunk, 1994; Schunk & Swartz, 1993; Zimmerman, Bandura, & Martinez-Pons, 1992). 한편, Zimmerman과 Schunk (1989)는 자기조절학습이란 '학습자가 자신의 학습과정에 메타인지적, 동기적 또는 행동적인 태도를 갖고 능동적으로 참여하는 정도(degree)'라고 정의하였다. 최근에는 인지와 메타인지를 포함하는 학습에 있어서 능동적인 통제(control)를 강조하며 개인적인 지각, 인지적인 행동, 환경적인 조건들 간의 상호관계를 강조하는 사회인지적 이론 구성(Bandura, 1986)을 중시하고 있다.

따라서 웹 기반 학습 환경에서 학습자가 인지적인 전략들을 체제적으로 사용하여 학습 활동에 능동적으로 참여하는 자기조절학습이 수행되기 위해서는 무엇보다 인식(awareness)이 중요하다. 인식이란 사이버 공간에서 학습자가 다른 학습자의 활동을 인지하는 것이며, 다른 학습자와 과제나 공동의 목적을 협력하고 수행하는 것을 의미한다(Matsushita & Okada, 1995). 특히 네트워크에 의해 형성되는 웹 기반 학습 환경에서는 단순히 물리적 거리를 좁혀 놓은 것이 아니라 현실의 공간과는 또 다른 형태의 공간으로 인식되기 때문에(Harasim et al., 1995), 학습자들이 상호의존적인 관계에 있다는 사실을 인식하는 것이 매우 중요하다(Heinich et al., 2002). 이와 같은 맥락에서 자기조절학습은 학습자의 인식과정에서 발생하는 다양한 문제들을 해결하기 위한 전략들이 사회인지적 관점에서 지원되어야 한다.

3) 행동 심리학 관점에서 자기조절학습

Corno와 Mandinach(1983)는 자기조절학습이 '행동(action)의 개념을 강조하는 인지적 참여 형태 중 하나'라고 주장하였다. 이러한 행동 심리학 관점의 자기조절학습은 Pintrich와 De Groot(1990)가 정의한 바와 같이 '학습 활동을 계획하고 감시하며 수정하는 학습자의 메타인지적인 전략과 학습 관리 및 노력의 통제, 실제적인 인지전략'들을 포함한다. 행동 심리학 관점에서 자기조절학습은 외적 강화의 성취와 자극 강화에 연결하려는 상호반응을 통제하기 위한 '자기감시, 자기교수, 자기강화의 과정'이다(Pesut, 1990). 이는 학습자들이 자신의 학습에 대한 책임감을 갖도록 인지함으로써 정보와 지식이 단순히 주입되는 수동적 관점을 벗어나 새로운 지식으로 재구성하고 재조직하는 능동적 관점의 변화를 의미한다. 따라서 행동 심리학 관점에서 자기조절학습은 학습의 심리학적 기본 틀이 행동주의에서 인지주의를 거쳐 Bandura(1997)의 사회인지적 이론을 적용한 것과 같은 맥락이다.

지금까지 논의된 유형 이외의 자기조절학습은 비고츠키 관점, 인지적 구성주의 관점, 현상학적 관점, 의지적 관점 등으로 나눌 수 있다. 비고츠키 관점에서는 내적 언어와 사회적 상호 작용의 내화(internalizing) 과정으로서 자기중심의 표현력을 의미(Harris, 1990) 하는데, 이는 인지적 구성주의 관점과 같은 맥락의 접근방식이다. 인지적 구성주의 관점에서는 자기조절학습을 외적 경험과 학습자의 스키마(schema) 사이의 상호 작용에 의한 지식 구성 과정으로 규정하고 자기 역량, 노력, 학문적 과제와 유효한 전략들을 제시하고 있다. 그러한 이유는 학습 내용이 실재적이며 상황적인 경험을 통해 학습이 '선택적 패러다임(paradigm)'을 갖게 되며, 학습을 위한 자원이나 도구, 학습전략 또는 매체들이 학습자의 상호 작용을 촉진하고 지식을 능동적으로 구성하는 매개체로서 사용되기 때문이다. 따라서 인지적 구성주의 관점에서 지식 구성의 과정은 관련된 맥락들이 이용될 수 있도록 적절하게 구성될 때 본질적인 의미가 있다는 지적처럼(Hannafin, 1992; Spiro et al., 1991) 학습자가 다양한 자원과 매체를 활용하여 상호 작용을 통한 자기조절학습이 지원될 필요가 있다.

한편, 현상학적 관점에서의 자기조절학습은 학습자의 자기개념에 따라 걸러진 경험에 기초한 자기 과정으로서 자기 가치, 자기 정체성을 의미하는데, 이는 학습에 대한 초기 의지와 홀로 나아가

려는 의지적 통제과정으로서, '숨겨진 것과 자신에 대한 명백한 통제'를 의미하는(Trawick, 1992) 의지적 관점과 일맥상통한다.

따라서 웹 기반 학습 환경에서의 과제 해결 과정이 자기조절학습을 위한 사회인지적 관점에서 학습방법에 어떠한 영향을 미치는지를 밝히고 학습과정에서 발생하는 다양한 자기조절학습 전략을 유의미한 학습 경험으로 변형시키는 데 필요한 기제를 마련할 필요가 있다. 필자가 자기조절학습에 관심을 두는 이유는 웹 기반 학습 환경의 학습과정에서 발생하는 다양한 문제들을 해결하는 기폭제가 되기 때문이다. 지금까지 살펴본 자기조절학습 유형을 정리하면 〈표 3-5〉와 같다.

〈표 3-5〉 자기조절학습의 유형 분류

선행 연구	유 형	정 의
Corno & Mandinach(1983), Derry & Murphy(1986), Flavell(1979), Schmitt & Newby(1986)	정보처리 관점	· 인지, 메타인지 · 관찰 가능한 메타인지
Bandura(1986), Kuhl & Kraska(1994), Schunk(1994), Schunk & Swartz(1993), Zimmerman(1990), Zimmerman, Bandura, & Martinez-Pons(1992), Zimmerman & Schunk(1989)	사회인지 관점	· 인지적 전략의 체제적 사용능력 · 상호 작용 과정 · 자기관찰, 자기 판단, 자기반응 · 학습과정의 능동적 참여 정도 · 능동적 통제 · 자기인식
Pesut(1990)	행동심리 관점	· 인지적 참여 형태 · 메타인지전략, 실제적 인지전략 · 자기감시, 자기교수, 자기강화의 과정
Harris(1990)	비고츠키 관점	· 사회적 상호 작용의 내적 과정 · 자기중심의 표현력
·	인지적 구성주의 관점	· 상호 작용에 의한 지식 구성 · 학습 맥락(context) 구성
·	현상학 관점	· 자기 가치, 자기 정체성 · 자기개념에 의한 경험
Trawick(1992)	의지적 관점	· 학습에 대한 초기 의지 · 의지적 통제과정

4. 웹 기반 학습 환경에서 자기조절학습의 중요성

자기조절학습에 관한 많은 연구들은 주로 교실학습 환경에서 집합적 지식에 관련된 메타인지를 중심으로 학습 성취에 미치는 효과를 개선하거나 밝히는 데 집중해왔다(Corno, 1986; Corno & Randi, 1999; Ellefsen, 1996; Flavell, 1979; Graham, Harris, & Troia, 1998; Lindner, Harris & Gordon, 1996; Pressley et al., 1998; Schmitt & Newby, 1986; Schunk & Ertmer, 1999; Zimmerman, 2000). 이는 자기조절학습 전략이 단기간의 학습 성취를 높이는 수단으로 간주하려는 인식에서 비롯된 것이다. 한편, 최근의 웹 기반 학습 환경에서 자기조절학습 연구는 웹이 자기조절학습을 위한 새로운 매체로 인식됨으로써 주로 학습 성과에 관련된 연구를 중심으로(Khan, 1997; Siegel & Kirkley, 1997) 지나치게 첨단 기술의 유용성에만 의존하는 문제점을 낳고 있다(Stahl, 2000, 2002). 이러한 지적은 자기조절학습을 단순히 교수 매체의 범주에만 한정시켜서는 안 된다는 점을 암시하는 것이며, 이는 자기조절학습이 이론을 기반으로(theory based) 하는 학습 그 자체임을 의미한다. 이러한 관점에서 자기조절학습에 접근하기 위해서는 웹 기반 학습 환경 속에 내포되어 있는 다양한 기제에 관해 살펴볼 필요가 있다.

웹 기반 학습은 공존(co-presence), 인식(awareness), 의사소통(communication), 협력(collaboration) 등으로 이루어지는 가상 공동체 환경이다(Matsushita & Okada, 1995). 따라서 공동체 활동

을 위한 협력학습은 개인들이 의미를 공유하고 토론하면서 새로운 과제 해결을 협력적으로 창조해 나간다. 이는 협력학습이 웹[6](Web)이라는 가상공간을 기반으로 하는 자기조절학습에 있어서 주요 조건이 되는 것을 의미한다. 따라서 자기조절학습은 동료와 필요한 정보를 탐색하고 자신의 의견과 사고를 서로 공유해 가면서 재구성하는 웹 기반 학습 환경을 통해서 보다 효과적인 학습이 될 수 있다.

1) 인지적 구성주의 관점에서의 웹 기반 학습

웹은 최근에 전자적인 형태의 수업을 위한 중요한 매개체로서 사용되어 왔으며 학습자를 자극하는 웹의 사용은 자기조절을 격려한다(Winne & Stockley, 1998). 그러나 Trentin(2002)의 지적대로 웹이 단순히 학습 정보를 전달하는 매체가 아닌 교수방법의 개선 도구가 되기 위해서는 학습 내용이 비구조화되어 제시될 필요성이 있다. 이는 Holmes(2000)의 주장대로 웹이 교실 수업의 대체물이 아니라는 주장에 기인하기 때문이다. 따라서 웹은 단지 수업 매개체로서 존재하기보다는 학습 활동을 지원하는 학습도구

---

6) 웹(WWW: World Wide Web)이란 용어는 인터넷에 의한 생산물(product)이지 인터넷 자체를 지칭하는 것은 아니다. 웹은 ① 인터넷 사용을 위한 하이퍼텍스트와 멀티미디어를 합성한 프로토콜과 파일 형태 ② 브라우저, 컴퓨터 응용프로그램, 인터넷 접속을 통해 컴퓨터에 저장된 자료와 정보의 가상 도서관 ③ 인터넷에 다양한 형태의 수업 자원과 정보의 분배 ④ URL에 의한 컴퓨터와 네트워킹을 사용하여 접속가능한 모든 정보의 집합체를 일컫는다. 본 연구에서는 인터넷을 활용하여 수업을 지원하는 모든 형태의 웹을 지칭한다.

로서 사용되어야 한다. Young(1996)의 연구에 의하면 자기조절 능력이 뛰어난 학습자는 구조화된 프로그램 통제 수업보다는 웹 기반 학습에서 적응성이 뛰어났음을 주장한 바 있다. 따라서 웹의 활용은 학습자가 구조화된 경로를 추적하는 학습 방식이 아니라 주도적이고 능동적으로 정보를 탐구하고 의미 있는 지식 창조 공간이 되도록 비구조화되어야 한다.

구조화된 과제들은 하나의 해결책이나 최적의 해결 경로를 포함한 정형화된 목적을 갖고 있으나(Sinnott, 1989), 비구조화된 과제들은 다양한 해결 경로나 해결책을 인정하며 비정형화된 목적을 지닌다(Kitchner, 1983). 따라서 구조화된 과제 해결은 과제 제시, 해결책 탐색, 해결책 실행의 단계를 거치지만(Gick, 1986), 비구조화된 과제들은 과제 제시, 기술적인 조정, 감시, 평가 등이 주요 도구이다. 수많은 연구 결과들(Duffy & Cunningham, 1996; Jonassen, 1997; Voss & Post, 1988)에 의하면 과제 해결을 위해서는 학습자 자신이 알고 있는 지식과 동료들의 생각을 비교·분석하며 적절한 논쟁을 생성하는 담론 활동이 필요하다. 따라서 동의, 반박, 추론, 제안과 같은 담론 활동을 촉진하기 위해서는 Bell(2000)의 지적대로 동료의 생각을 탐색하고 이해하기 위한 지원 도구가 필요하며, 이러한 기술들은 비구조화된 문제해결에 있어서 탁월한 효과성이 입증되었다(Jonassen, 1997; Kitchner & King, 1981). 한편, 비구조화된 과제 해결은 구조적(structural) 지식과 마찬가지로 인지적 요소로 구성된 전문적인 영역(domain specific)의 지식을 필요로 한다(Voss & Post, 1988; Voss, Wolfe, Lawrence, & Engle, 1991). 그러나 구조적 지식과 전문적인 영역에 관한 지식의 부재(不在)에 있어서는 인지의 조절과 지식이 모두 포함된 메타인지(Pressley & McCormick, 1987)를 통해 비구조화된 과제를 해결할 수 있다. 메타인지적 지식들은 Davis와 Linn(2000)의 지적대로 웹 기반 학습 설계에 내재하여 수행함으로써 사고 깊은 응답을 통한 비구조화된 과제 해결과 설득력 있는 논쟁을 구성한다(Kitchner & King, 1981). 따라서 웹 기반 학습 환경에 있어서 비구조화된 과제 해결은 메타인지를 통한 자기조절학습이 수반되어야 하며, 이는 인지적 구성주의 접근방식과 과제 중심적 접근방식을 통해 가능하다.

객관주의 인식론은 교사 중심의 지식 전달로 인한 체계적인 수업활동과 목적을 달성하도록 안내한다(Reiser & Dick, 1996). 그러나 해석주의에 기초를 두고 있는 구성주의 관념에서 지식은 개인별로 구성되며 외부에 존재하지 않는다. 따라서 구성주의 접근은 학습자 중심이며 지식 구성과 학습 생성을 촉진한다(Wittrock, 1990). 컴퓨터 매체의 발전에 따른 구성주의 시각은 학습자 중심 학습이며(Land & Hannafin, 2000), 이는 학습자들이 자신의 학습 목적을 설정하고 목적을 이룰 수 있도록 자원들과 활동들을 결정하며(Jonassen, 2000), 다음과 같은 속성을 지니고 있다.

"구성주의는 복잡하며 실재적인 환경 속에 내재된 학습이다. 사회적 협상을 제공하고 표현에 있어서 다양한 방식의 사용과 시각을 지원한다. 학습 활동에 있어서 주인의식을 격려하고 지식 구성 과정의 자기 인식을 기른다."(Driscoll, 1994)

구성주의 접근은 학습자의 의미 있는 학습 활동과 고차원적인 사고 개발을 목적으로 유익하게 사용되어 왔다(Jonassen, Peck, & Wilson, 1999).

따라서 Jonassen(1997)의 지적대로 환경에 의해 제약을 받는 교수 설계자가 설정하는 교수 계획은 전형적으로 비구조화된 문제로서 인지적 구성주의에 기초한 다양한 해결책이 존재한다. 한편, 비구조화된 과제 해결을 위한 과제 중심적 접근방식은 지식습득 증대를 위한 잠재력 때문에 오래전부터 논의되어온 개념이다(Edens, 2000; Flynn & Klein, 2001; Kinzie, Hrabe, & Larsen, 1998; Shulman, 1992). 최근에는 학문적 지식과 과제 해결 기술 습득을 기르고 복잡한 과제와 실재적인 사용을 촉진할 목적으로(Edens, 2000; Flynn & Klein, 2001; Levin, 1995) 웹 기반 학습 환경에서 사용되어 왔다. 그러나 과제 중심 학습에서 웹의 사용은 풍부한 자원을 제공하는 뛰어난 매체임에도 불구하고, 현재의 웹 기반 학습은 고차원적인 인지적 과제에 직면했을 때 효과성에 의문이 제기되고 있다(Johnston, 1996). 그러한 이유는 그동안 웹 기반 학습 환경에서 자기조절학습 전략을 반영하여 과제 해결을 수행하는 학습 프로그램 개발에 관한 연구가 체계적으로 이루어지지 못했다는 점에서 기인한다(임정훈, 1999). 따라서 웹 기반 학습 환경에서 개별 학습자가 학습 과제를 위하여 적극적이고 목표 지향적으로 행동과 동기 및 인지를 자기통제하며, 의도적인 계획이나 감시 등의 구체적인 인지활동을 통한 학습 과제를 수행하기 위해서는 자기조절학습 전략이 제시되어야 한다(Corno & Mandinach, 1983; Pintrich, 1995). 이는 자기조절학습이 하나의 인지 체계 속에서 학습 내용을 이해하려는 관점(Winne & Perry, 2000)으로서, 자기조절을 잘 하는 학습자는 현재 수행 중인 과제에 대해 인지하고 과제 성취에 적절한 동기와 전략, 효과적인 개인 전략들이 무엇인지를 알기 때문이라는 Ertmer와 Newby(1996)의 주장에 기인한다.

2) 웹 기반 학습과 자기조절학습

웹을 통한 교육은 학습자 간 학습 공동체를 형성하여 협력할 수 있는 교육 체제를 제공하기 때문에(Hill, 1997; Wills & Dickinson, 1997) 웹 기반 학습 환경에서 과제 해결은 협력학습을 통해서 이루어진다. 협력학습은 소집단 구성원들이 공동의 학습목표를 달성하기 위해 역할을 분담하며, 개별적인 책무성을 가지고 다른 구성원들과 도움을 주고받아 유익한 결과를 얻고자 하는 학습전략이다(박성익, 1997). 웹 기반 학습 환경에서의 협력학습은 학습자들이 상호의존적인 관계에 있다는 사실을 인식(awareness)하는 것이 매우 중요하다(Heinich et al., 2002). Gutwin(1997)은 인식을 '환경에 대한 지식과 그 의식(consciousness)'이라고 정의하였다. 웹 기반 학습 환경에서 협력을 위한 인식은 공존(co-presence)과 다른 개념이다. 공존이란 다른 학습자와 동시에 같은 공간에 함께 있다는 느낌을 주는 것이며, 인식은 공존 속에서 다른 학습자가 무엇을 하고 있는지 즉, 다른 학습자의 활동을 인지하는 것이다. 따라서 웹 기반 학습 환경에서 협력학습은 공존과 함께 인식을 통해 다른 학습자와 과제나 공동의 목적을 협력하고 수행하게 된다(Matsushita & Okada, 1995). Goldman(1992)은 인식의 유형을 사회적(social), 과제적(task), 개념적(concept), 학습 공간적(workspace) 인식으로 구분한 바 있다. 사회적 인식은 집단 내에서 과제를 수행할 때 학습자 자신의 역할에 대해 아는 것을 의미하며, 이는 사회적인 관계에 대한 정보를 제공한다. 과제적 인식이란 학습자들이 과제를 수행하는 방법을 아는 것이며, 개념적 인식이란 과제를 완성하거나 이미 알고 있는 지식에 적절히 결합하는 방법을 아는 것이다. 학습 공간적 인식이란 공유된 공간 속에서 다른 학습자의 상호 작용에 관해 알고 있는 것을 의미한다. 이 가운데 과제적 인식으로는 주제와 과제의 구조에 관해 학습자 자신이나 다른 사람이 무엇을 하고 있는지 아는 것이며, 과제 해결을 위해 필요한 시간이나 이용할 수 있는 시간을 학습자가 인지하는 것을 의미한다.

자기조절학습 전략은 학습자가 자신의 학습과정을 통제하기 위하여 메타인지적, 동기적, 또는 행동적으로 활용할 수 있는 일련의 학습전략이다(Lindner, Harris & Gordon, 1996; Zimmerman, 1989a, 1990; Zimmerman & Martinez-Pons, 1986; Zimmerman & Schunk, 1989). 따라서 웹 기반 학습 환경에서 자기조절학습이 성과를 거두기 위해서는 다양한 전략들이 수업 사태(events) 속에 내재되어 있어야 한다. 이는 기존의 많은 연구자들(박홍균, 2001; Kinzie & Berdel, 1990; Ley & Young, 2001; Lin et al., 1994)이 주장하고 있으며, 특히 Ley와 Young(2001)은 효과적인 준비, 조직, 감시, 평가과정을 통하여 '안내된 자기조절학습 지원전략'이 필요하다고 주장하였다. 따라서 웹 기반 학습 환경에서 자기조절학습은 박홍균(2001)의 지적대로 언제, 어떻게, 왜 그러한 전략들이 사용되어야 하고 그것에서 얻을 수 있는 장점들에 대한 충분한 논의가 학습자들 사이에서 이루어지도록 체제적(體制的)[7] 방식으로 설계되어야 한다.

---

7) 교수설계 방법 중 하나이다. 체계적(systematic) 설계가 학습 방식을 순차적, 단계적, 직선적으로 구성하는 반면, 체제적(systemic) 설계는 원형적, 순환적, 비선형적으로 설계한다(남정권, 2005b).

제4장 자기조절학습 지원 연구

자기조절학습에 관련된 대부분의 연구(Butler, 1997; Case & Harris, 1998; Ellefsen, 1996; Lindner & Harris, 1992; Pintrich & De Groot, 1990; Zimmerman & Martinez Pons, 1986)는 성공적인 학업 성취와 수업전략에 대한 학습자의 자기조절학습 기술 구축에 긍정적인 효과가 있음을 밝혀냈다. 특히, 웹 기반 학습 환경에서 자기조절학습을 지원하기 위한 전략은 주요 연구 과제로 인식되어 왔으며, 다양한 전략들이 개발되어 왔다. 그러나 선행 연구들(Hannafin, 1992; Schunk & Ertmer, 1999; Zimmerman, 2000)의 지적대로 학습자의 자기조절학습 연구가 이론적 또는 개념적 연구에 치중함으로써 과제 해결을 지원하는 실증적 차원의 연구는 많지 않았으며, 잘못된 설계방식으로 인해 학습자가 학습 내용을 제대로 이해하지 못하거나 방향감 상실로 인한 학습 시간 낭비와 질적인 문제들이 지적되고 있다(Barab, Bowdish, & Lawless, 1997; Hannafin, Reeves, & Hayden, 2001). 또한, 기존의 자기조절학습에서는 학습자 스스로 자기조절학습을 실행할 수 있도록 지원하지 못하고 있으며(Paris & Ayres, 1994), 과제 해결 과정이 학습 활동에 어떠한 영향을 미치는지에 대한 경험적이고 실증적 차원의 연구는 미미한 실정이다(남정권, 2005a). 따라서 웹 기반 학습 환경에서는 자기조절학습을 촉진시켜 줄 수 있는 인지적 도구를 제공하여 자신의 학습 상황을 인식하고 점검하고 조절하는 것이 필요하다.

1. 기존의 자기조절학습 지원 도구

기존에 개발되어 구현된 자기조절학습 지원 도구들은 새로운 자기조절학습 지원 도구의 설계 원리나 전략을 도출하는 데 도움이 될 것이다.

KWS(Kinematics Web Site)이라는 자기조절학습 지원 도구는 McManus와 그의 동료들(1996)에 의해 개발된 학습자 자기조절 검사 도구이다. 이 프로그램은 텍사스(Texas) 대학교의 WBI팀에 의해 개발된 웹 기반 학습 환경 모델로서 고등학교 물리 시간에 물체의 운동에 관한 탐구 학습 사이트이다. 프로그램 수행과정은 MLSQ를 통해 사전에 신뢰도와 타당도를 고찰한 후, 학습 도중 수정된 MSLQ 메타인지 자기조절 척도를 사용하도록 학습자를 지원하고 있다.

TARGETT는 기존의 개발 프로그램에 Woolfolk(1998)가 교사 기대감(Teacher Expectation) 항목을 더하여 7개 영역으로 수정·개발한 자기조절학습 사이트이다. 이 프로그램은 학습 영역을 단계별로 제시한 점이 특징이며, 과제, 인식, 집단화, 시간, 평가 등 다섯 가지 항목에 제시된 자기조절학습 관련 요소는 학습자가 수동적으로 프로그램을 따라가는 것이 아니라 스스로 학습 방식을 조절해 나가는 전략을 제공한다.

CPSRT(Constructivist Planning Self-Reflective Tool)와 IPSRT (Instructional Planning Self-Reflective Tool)는 Baylor와 그의 동

료들(in press)이 예비 교사들의 교육 계획 수행 및 메타인지와 함께 동기 향상을 위한 연구이다. IPSRT는 객관주의 관점에서 자기 감시를 지원하기 위한 기법(recipe) 중심의 정형화된 구조이며, CPSRT는 구성주의 관점에서 인지적 융통성을 지원하기 위한 메뉴(menu) 중심의 개방형 구조이다. 따라서 IPSRT는 단계적 절차를 제공하기 때문에 경험이 제한적인 초보자에게 유리하며, CPSRT는 구조적인 접근이 아니라 학습자의 동기와 태도를 촉진하도록 선택하는 방식이다(Baylor, Kitsantas, & Hu, 2003). 이들의 연구결과 IPSRT와 CPSRT 모두 교육 계획 과정(process)을 촉진하기 위한 가치 있는 인지적 도구로 제공될 수 있음을 밝혀냈다.

2. 자기조절학습 지원을 위한 개발 연구

선행 연구(권성연·강명희, 2003; 임정훈, 1999; Ertmer & Newby, 1996; Lin, 2001; Lindner & Harris, 1992; McCombs, 1989; Pintrich, 2000; Pintrich & DeGroot, 1990; Schunk & Ertmer, 1999; Shin, 1998; Trawick & Corno, 1995; Zimmerman, 1989a; Zimmerman, 1990; Zimmerman, 2000)를 토대로 기존의 자기조절학습지원 요소를 항목별로 추출하여 분석하였다(〈표 4-1〉 참조).

〈표 4-1〉 자기조절학습 지원 개발 도구 요소

선행연구	기본요소	하위요소	설정도구
권성연·강명희(2003), Ertmer & Newby(1996), Lindner & Harris(1992), Pintrich(2000), Pintrich & DeGroot(1990), Trawick & Corno(1995), Zimmerman(1990), Zimmerman(2000)	인지전략	·학습 자료 기억, 이해하기 위한 활동 ·시연, 정교화, 조직화 ·수행 중인 과제 인지	
권성연·강명희(2003), Ertmer & Newby(1996), Lindner & Harris(1992), Pintrich(2000), Pintrich & DeGroot(1990), Zimmerman(1989a), Zimmerman(1990), Zimmerman(2000)	동기와 정서	·정서통제, 유인상승, 자기지시, 자기장애	·과제 주제 선택 ·과제 수행 방식의 선택
권성연·강명희(2003), Schunk & Ertmer(1999), Zimmerman(1989a), Zimmerman(2000)	행동 및 의지조정	·외현적 행동을 스스로 조절 ·자기관찰, 노력관리, 시간관리	·과제 수행 절차의 선택 ·동료와 협력학습 수행 ·시간관리
권성연·강명희(2003), Pintrich(2000), Zimmerman(2000)	환경차원의 조절	·외부 학습자원의 활용 ·물리적 환경조절 ·도움 구하기 ·과제 조절	·물리적 환경(과제 수행 환경 및 배경선택) ·사회적 환경(동료 및 교사의 도움 요청)
Ertmer & Newby(1996), Lin(2001), Lindner & Harris(1992), Pintrich & DeGroot(1990), Schunk & Ertmer(1999), Shin(1998), Zimmerman(1989a), Zimmerman(1990), Zimmerman(2000)	메타인지	·계획, 감시, 평가 ·자신의 인지를 계획, 점검, 교정	·목표작성, 전략선택, 잠재적 방해물 식별 ·감시 및 조절

선행연구	기본요소	하위요소	설정도구
McCombs(1989)	전략적 계획	·자기인식 ·자기감시 ·자기평가	·현재 학습 활동, 학습 진행 인지 ·학습목표와 학습 진행의 자기평가 ·피드백 통한 확인 및 정확성 통보
임정훈(1999)	과제 지향적 메시지	·안내 ·방향제시 ·학습 상황 점검	·
Lindner & Harris(1992)	통 합	·내용인지 ·지각 ·과제관리 ·조정	·
Shin(1998)	감 시	·	·
	자기 효능감	·	·
Trawick & Corno(1995)	자원관리	·목표 설정 ·성공적 기대감	·

〈표 4-1〉의 선행 연구 분석 결과 웹 기반 학습 환경에서 자기조절학습 관련 연구는 ① 인지전략 ② 동기와 정서 ③ 행동 및 의지조정 ④ 환경 차원의 조절 ⑤ 메타인지 ⑥ 전략적 계획 ⑦ 과제 지향적 메시지 ⑧ 통합 ⑨ 감시 ⑩ 자기 효능감 ⑪ 자원관리 등 11개 항목으로 분류된다. 이 가운데 메타인지 관련 연구 10개, 인지전략 관련 연구 8개, 동기 및 정서 관련 연구 8개, 행동 및 의지조정 관련 연구 4개, 환경 차원의 조절 관련 연구 2개, 나머지 각각 1개 순이었다. 따라서 이 책에서는 선행 연구에서 가장 활발한 연구 영역으로 다루어온 메타인지, 인지전략, 행동, 환경 요소를 주요 기제로 삼고자 한다. 이는 최근의 자기조절학습에 있어서 과제의 성공적인 해결을 위해서는 환경적인 내용 요소들과 함께 인지, 메타인지, 동기, 지각의 유용성 등이 통합적으로 제시될 필요가 있다는 선행 연구 (Lindner & Harris, 1992; Pintrich, 2000)와 일맥상통한다.

제3부
자기조절학습 지원전략

제5장 자기조절학습 지원전략

1. 자기조절학습 지원전략

1) 자기조절학습 전략

전략(strategy)은 어떤 과제에 접근하는 하나의 방법이기 때문에(Kirby, 1984), 자기조절학습은 전략을 필요로 한다. 학습 활동이 학습자의 내면에서 발생하는 지적(知的) 활동이라면, 자기조절학습은 학습자의 메타인지와 동기를 촉진하는 전략을 필요로 한다. 이러한 전략은 구조적 지식을 기반으로 구축되어야 한다.

최근 들어 웹의 중요성과 활용성이 강조되면서 웹 기반 학습에 대한 관심이 높아지고 있다. 이는 웹의 단순한 활용에 한정짓는 것이 아니라 협력적 상호 작용을 통해 집합적 지식(collective knowledge)을 생성하고, 특정 영역의 지식(domain specific knowledge)을 자기조절학습으로 확장시킬 수 있는 새로운 개념의 학습방식이기 때문이다. 따라서 Lehtnen과 그의 동료들(1993)의 주장대로 웹이 정보를 담아 제공하는 자료들의 저장 창고가 아니라, 웹이 지닌 고유의 특징을 살리기 위해서는 학습자가 학습 내용과 계열을 선택하고 자신의 지식구조에 적합한 정보를 찾아내며 구성할 수 있는 학습 환경이 필요하다(Oliver et al., 1998). 기존의 웹 기반 학습에서 자기조절이 제대로 이루어지지 않거나 학습 성과가 뚜렷하게 나오지 않는 이유는 교사 주도형의 정보 나열식 학습 형태와 구별되는 속성, 특히 웹 기반 학습이라는 환경에 내포되어 있는 사회적 전략과 인지적 전략을 통합적으로 구현하지 못하고 있다는 점에서 기인한다.

2) 자기조절학습 단계

자기조절학습 전략은 학습자가 정보나 기능을 습득하기 위한 행위나 과정을 의미한다. 따라서 웹 기반 학습 환경에서의 자기조절학습 전략은 학습자가 어떤 학습전략을 활용할 수 있는 능력이 있는지 분석 되어야 하며, 이러한 분석 결과를 토대로 학습전략이 설계되고 개발되어야 한다. 그러한 이유는 Whalley(1993)의 지적대로 웹 기반 학습 환경에서의 자기조절학습은 단순한 설계적 지원보다는 학습자의 학습전략 활용이 더 중요하기 때문이다. 이는 학습자가 자기조절학습 전략을 가지고 있거나 웹 기반 학습 환경이 자기조절학습 전략을 활용하도록 설계되어야만 웹 기반 학습은 가능하며, 웹 자체가 학습자의 학습과정을 조절하지는 못한다는 것을 시사한다. Weinstein과 Mayer(1986)는 자기조절학습 전략 요소로 시연(rehearsal), 정교화(elaboration), 조직화(organization), 이해도 감시(comprehension monitoring), 정서적 전략(affective strategy)을 제시하였다. Corno(1986)와 Kuhl(1985)은 의지조정(volition) 전략이라는 개념 하에 내적 자기통제 과정을 인지통제, 정서통제, 동기통제로 구분하였으며, 외적 자기통제 과정으로는 과제 상황의 통제와 타인 통제로 각각 분류하였다. Pintrich(2000)는 자기조절의 수행 단계를 감시와 통제 전략으로 구분하였고 이를 다시 인지, 동기 및 감정, 행동, 환경적 영역으로 구분하여 제시하였다. 한편, 다수의 연구자들(Ertmer & Newby, 1996; Lin, 2001; Pintrich & De Groot, 1990; Zimmerman, 1990; Zimmerman & Martinez-Pons, 1986, 1988)은 자기조절학습 전략에 있어서 메타인지, 인지, 행동, 동기적 요소의 중요성을 강조하였으며, 앞에서 살펴본 자기조절학습 구성 요소를 정리하면 〈표 5-1〉와 같다.

〈표 5-1〉 자기조절학습 구성 요소

구성 요소	자기조절학습 전략
메타인지	자신의 인지를 계획, 점검, 조절, 교정
인 지	학습, 기억, 이해를 위한 시연, 정교화, 조직화
행 동	학습 과제 관리 위한 자기관찰, 노력관리, 시간관리
환 경	물리적 환경 통제, 도움 구하기, 과제 통제, 동료학습
동기·감정	전략 활용 위한 정서 통제, 유인상승, 자기지시, 자기장애

자기조절학습은 학습을 통제하려는 학습자의 능력과 관계가 있으며, 자기조절학습 전략이 학습자의 의지(will)와 기술(skill)에 관련이 있다(Schraw & Brooks, 1999에서 재인용)고 볼 때, 기술 속에 내포되어 있는 다양한 기제에 관해 살펴볼 필요가 있다.

자기조절학습 기술에는 실행에 옮길 수 있는 지식, 피드백(feedback)을 제공하는 전략, 메타인지적 인식 등을 포함하고 있다(Schraw & Brooks). 메타인지 전략은 학습자의 메타인지를 자극하기 위해 사용하는 전략이다. Schraw와 Moshman(1995)은 메타인지가 '인식의 지식(knowledge of cognition)'과 '인식의 조절

(regulation of cognition)'을 포함한다고 주장하였다. 인식의 지식이란 우리의 인식에 관해 무엇을 알고 있는가에 관련된 지식이며, 선언적(declarative) 지식, 절차적(procedural) 지식, 조건적(conditional) 지식을 가리킨다. 선언적 지식은 학습자의 수행에 영향을 미치는 요소가 무엇인지를 알고 이러한 요소에 기초하여 학습 활동을 계획할 수 있도록 돕는 지식을 의미한다. 절차적 지식은 학습 순서에 관련된 지식이며 메모하기, 연상 기호 사용하기, 개념 요약, 자기진단 등을 의미한다. 조건적 지식은 특별한 전략의 사용 시기와 이유에 관련된 지식을 일컫는다. 한편 인식의 조절이란 조절 및 통제를 위한 계획, 감시, 평가에 관한 지식이다. 계획은 적절한 전략의 선택과 자원 배치를 위해 목적설정, 배경지식, 예정시간 세우기 등을 포함한다. 감시는 학습 통제를 위해 필요한 자기진단 기술을 포함한다. 평가는 학습 결과물이나 학습자의 학습 조절 과정 평가와 관련이 있으며, 학습자의 목적 재평가, 예측 수정, 지적인 획득 강화 등이 해당된다.

자기조절학습 요소 가운데 동기는 자기 효능감(self-efficacy), 귀속(attribution), 목적지향(goal orientations), 내재된 동기(intrinsic motivation)의 4가지 하위 요소를 갖는다(Schraw, Kauffman, & Lehman, 2004). 첫째, 자기 효능감이란 개개인이 특정한 과제를 수행하거나 목적을 달성할 수 있는 자신감을 의미한다(Bandura, 1997). 이는 학습자에게 도전하는 과제를 지속하도록 촉진하고 학습자 참여에 영향을 주기 때문에 자기조절학습에 있어서 매우 중요한 요소이다. 이러한 자기 효능감은 다른 사람의 주제 토론이나 기술 수행을 관찰하면서 개별적인 학습을 수행하는 대리학습

(vicarious learning)이나 비슷한 모델의 기술 수행을 관찰하는 모방(modeling)에 있어서 많은 변수들로 인한 영향을 받는다. 둘째, 귀속은 학습자의 삶 속에서 일어나는 사건들(events)의 인과관계에 대한 설명을 의미한다. 이는 동일한 사건의 설명에 있어서 매우 다르게 표현되기 때문에 귀속 이론은 사건 자체보다 사건을 접하는 학습자의 해석에 달려 있음을 시사한다(Graham & Weiner, 1996; Weiner, 1986). 귀속은 통제장소(locus of control), 안정성(stability), 지배력(controllability)의 3가지 특성에 따라 변화하게 되며(Weiner, 1986), 긍정적인 학습 증진을 위해서는 3가지 특성들이 동시에 도움이 되는 방법에 대한 고려가 필요하다. 셋째, 목적지향은 능력에 관한 믿음과 그러한 믿음이 어떻게 학습에 영향을 미치는가에 관련된다. 학습 중심 학습자들(learning-oriented students)은 도전감, 지속력, 전략적 사용과 노력을 중시하며, 실패에 대한 긍정적인 태도를 통해 학업 성취에 도달하지만, 수행 중심 학습자들(performance-oriented students)은 부적절한 전략, 실패 후 중지, 도전 회피 등의 부정적인 반응을 나타낸다(Ames & Arcdher, 1988). 넷째, 내재된 동기는 학습자 자신의 이익을 위한 행동에 관련된 요소(Deci & Ryan, 2000)로서 개인이 내적 동기가 되어 있을 때 주어진 과제는 보상이나 위협과 같은 외적 자원보다는 기쁨이나 만족감과 같은 내적 자원을 위해 수행하며, 이는 지속적인 과제를 수행하는 원천이 된다.

한편, 인지적 전략은 암호화, 조직, 정교화, 추론의 4개 요소와 관련이 있다.

첫째, 암호화란 단기기억고의 정보를 장기기억고에 저장하기 위해 처리하는 능력과 관련된다. 이는 장기기억고가 영속적이며, 수용량에 제한을 갖지 않는 사고(Neath, 1998)에 관련되기 때문에 학습자가 생성된 정보를 장기 보존하기 위하여 취해지는 학습 활동들이다. 둘째, 조직은 정보를 장기기억고에 저장하고 배열하는 방법에 관련된다. 장기기억고의 정보는 스키마(schema)와 스크립트(scripts)라고 부르는 지식 구조로 조직되어 있으며(Neath, 1998), 이는 학습자들이 매우 빠르게 정보를 조직, 저장, 회상이 가능하도록 하기 때문에 자기조절학습에 있어서 중요하다. 셋째, 정교화는 장기기억고의 정보를 서로 연결하여 새로운 정보로 아름답게 꾸미는 능력과 관련된다. 이는 학습자가 생성된 정보들끼리 좀더 깊게 연관 지어 정교화함으로써 학습 활동을 보다 깊이 있게 발전하는 능력을 기른다. 넷째, 추론은 존재하는 지식과 정보를 통해 새로운 정보를 미루어 짐작하는 능력이다. 추론은 학습자가 무엇을 알고 있으며 보다 높은 수준의 숙달을 위해 무엇을 알 필요가 있는지를 제공하기 때문에 자기조절학습에 있어서 중요한 요소이다.

Zimmerman(2000)은 학습의 관점에서 자기조절을 전사고(forethought)단계, 수행-의지조정(performance-volition)단계, 자기성찰(self-reflection)의 3단계로 제시하였다. 전사고 단계는 행동으로 옮기기 전 앞으로의 수행에 영향을 주는 단계를 의미하며, 수행-의지조정 단계는 실제적인 행동이 일어나는 동안 주의집중과 행위에 영향을 주는 단계이다. 자기성찰 단계는 수행 이후에 일어나며, 자신의 경험에 대한 반응에 영향을 주는 단계이다. 이 가운데 수행 단계는 학습 활동이 시작되면서 다양한 차원의 전략들을 실행하고 통제·조절하는 단계이다. 따라서 웹 기반 학습 환경에서 자기조절학습의 단계적 수행을 지원하기 위해서는 Ley와 Young (2001)이 주장한 바와 같이 준비(preparation), 조직(organization), 감시(monitoring), 평가(evaluation)의 과정을 자기조절학습 전략 속에 내재되도록 설계할 필요가 있다.

2. 자기조절학습 지원 도구의 설계 원리

1) 거시적 관점의 자기조절학습 지원 도구 설계 원리

자기조절학습 전략은 과제 해결을 위한 메타인지 개념에서 접근되어야 한다. 그동안의 연구들이 전통적인 교실학습 환경에서 학업 성취와 도구의 기능성을 검증하는 데 초점을 두어 왔다면, 앞으로의 연구는 웹 기반 학습 환경에서 과제를 자기조절하면서 스스로 해결하도록 하는 메타인지적 도구 설계 방법에 집중할 필요가 있다. 웹 기반 학습 환경에서 자기조절학습 지원 도구는 학습자들의 학습 상황에 대한 공존과 인식을 바탕으로 과제 해결 메시지를 제공하면서 동기를 촉진하는 환경 차원의 설계가 필요하다. 따라서 웹 기반 학습 환경에서 자기조절학습을 지원하는 인지적 도구는 Jonassen과 그의 동료들(1999)의 지적대로 기존의 자료실이나 게시판에서 제공하는 제한된 기능과 수준을 넘어야 한다. 또한 Lindner와 Harris(1992), Pintrich(2000)의 주장대로 다섯 가지 영역, 즉 환경, 인지, 메타인지, 동기, 지각의 유용성으로 구분한 기능을 통합하여 과제 해결 도중에 학습자가 자기조절할 수 있도록 지원되어야 한다. 웹 기반 학습은 가상공간에서 학습자들이 학습목표를 설정하고 과제 전략을 개발하며 동료나 교수자로부터 도움을 구하는 환경이다. 따라서 Heinich와 그의 동료들(2002)이 주장한 바와 같이 학습자들이 공존과 함께 상호 의존적인 관계에 있다는 사실을 인식하는 것이 중요하며, 다음과 같은 거시적 설계전략이 필요하다.

첫째, 성공적인 자기조절학습을 위한 메타인지의 지원은 Goldman(1992)이 제시한 사회적, 과제적, 개념적, 학습 공간적 인식을 기초로 설계될 필요가 있다. 이러한 인식을 바탕으로 학습자가 자신의 인지를 계획하고 점검하고 교정하기 위해서는 목표 설정과 계획, 정보 탐색을 통한 감시 및 선택 활동, 수업 내용의 회상과 이해 정도를 점검하는 평가과정이 반영되어야 한다. 이와 함께 자신의 학습 활동에 필요한 자원을 관리하는 기술들이 구체적으로 안내되고 제공되어야 한다. 따라서 자기조절학습의 핵심은 메타인지 감시와 메타인지 조절이라는 Winne(2002)의 주장처럼 '인식의 지식과 인식의 조절'을 위한 학습 설계가 요구된다.

둘째, 동기는 학습자들이 목적을 설정하고 새로운 학습전략을 이끌어 내어 학습자의 능동적 참여를 유도하는 전략이다. 자기조절학습을 촉진하기 위한 동기전략은 Schraw와 그의 동료들(2004)이 제시한 자기 효능감, 귀속, 목적지향, 내재된 동기 등 4가지 요소에 대한 학습전략이 필요하다. Bandura(1997)의 연구 결과 자기 효능감은 개개인이 특정한 과제를 수행하거나 목적을 달성할 수 있는 자신감을 뜻한다. 이는 켈러(Keller, 1979, 1983)의 ARCS이론 가운데 자신감(confidence) 전략과 일맥상통한다. 그는 학습자가 학습에 관한 자신감을 갖기 위해서는 '지각된 능력, 지각된 조절감, 성공에의 기대'를 주어야 하며, 이를 위한 '학습의 필요조건, 성공의 기회, 개인적 조절감'을 제시하는 전략이 필요하다고 주장하였다. 귀속은 '발생하는 사건에 대한 이유'로서 학습자들이 성취원인을 돌리는 것을 의미한다. 이는 능력, 노력, 과제 난이도, 행운 등의 요소를 지닌다. 이러한 귀속은 학습자의 자기효능감과 성공적인 성취를 이루기 위한 학습자 기대 및 학습에 대한 동기에 영향을 미치기 때문에 중요하며(Schunk, 1994), 긍정적인 귀속감을 갖는 자기조절학습자들은 원만한 학습을 수행한다. 목적지향성은 과제를 수행하기 위한 필요성에 기인한 동기적 가치 요소이다(Pintrich & De Groot, 1990). 이는 학습에 관련된 목적을 설정하는 것을 의미하는 것이기 때문에(Schunk & Swartz, 1993) 수행목적보다 학습목적을 제공해야 한다. 웹 기반 학습 환경에서 동기적 지원을 위한 자기조절학습 설계는 학습자에게 자신감을 촉진하는 내재된 동기 전략과 함께 분명한 학습목표가 제시되어야 한다.

셋째, 지각의 유용성을 깨닫는 행동은 Corno와 Mandinach(1983)이 제안한 인지적 참여 형태로서의 자기조절을 의미한다. 따라서 행동은 학습자가 과제를 수행하기 위한 노력이 수반되어야 한다. 행동은 학습자의 의지 조정으로서 외현적인 행동을 자기관찰, 노력관리, 시간관리 등을 통해 스스로 통제한다. 자기조절학습을 촉진하기 위한 행동적 지원은 학습 내용이나 결과를 기록하면서 자기관찰을 하거나 정해진 일정에 따라 학습을 수행하는 시간관리 전략이 함께 수행되어야 한다. 따라서 학습자 스스로 과제를 수행하기 위한 자료 검토 또는 학습 절차를 선택하는 전략이 다양하게 제공될 필요가 있다.

넷째, 학습 환경은 다양한 변수가 존재하는 실재적인 상황 속에서 학습자의 성공적인 학업 성취를 위해 지원되는 전략이다. 특히, 웹 기반 학습 환경에서는 매체를 조절하고 관리하는 물리적 환경과 함께 동료와의 상호 작용을 지원하기 위한 사회적 환경이 고려되어야 한다. 웹 기반 학습 환경이 유의미한 학습을 창조하고 웹의 속성을 반영한 지식 구성 공간이 되기 위해서는 Oliver와 그의 동료들(1998)이 주장한 바와 같이 학습자가 학습 내용과 계열을 선택하고 자신의 지식 구조에 적합한 정보를 찾아내며 구성할 수 있어야 한다.

위에서 제시한 네 가지 거시적 관점의 자기조절학습 지원 도구 설계 원리는 '결과 지향적 과제 해결'이 아니라 '과정 지향적 과제 해결'을 지원한다. 이는 제안된 설계 원리를 학습 기저로 학습이 진행되는 과정에서 과제 해결을 위한 끊임없는 자기조절과 새로운 정보의 반추 및 해석을 통한 학습의 재구성을 촉진할 수 있기 때문이다. 거시적 관점의 설계 원리에 기초한 자기조절학습 지원 도구는 지식을 단순히 흡수하는 수동적인 학습 참여자가 아니라 과제 해결을 통해 새로운 지식을 창출해 나가는 능동적인 학습 참여자로 안내할 것이다.

2) 미시적 관점의 자기조절학습 지원 도구 설계 전략

거시적 관점의 자기조절학습 지원 도구의 설계 원리는 자기조절학습 이론에 대한 선행연구(Chen, 2002; Dabbagh & Kitsantas, 2002; Hannafin, Oliver, Hill, & Glazer, 2003; Schraw, Kauffman, & Lehman, 2004; Winne, 2002)에서 강조되었던 자기조절학습 지원 방법을 토대로 제시하였다. 기존의 선행연구에서 널리 사용되어온 메타인지는 전통적인 교실학습 환경에서 구현되었기 때문에 학습자의 인지적 사용에 대한 제한을 가져왔다(Paris, & Ayres, 1994). 간혹 제대로 된 메타인지의 적용은 단계적 방법으로 구조화되어 있어 학습자들이 선택적으로 접근하기에는 무리가 있었다. 기존의 연구에서 적용된 메타인지 적용의 시사점은 학습 내용과 유형에 따라서 조건적 지식이나 선언적 지식과 함께 절차적 지식이 자기조절학습 전략 속에 내재되어 설계되어야 한다. 웹 기반 학습 환경에서 과제 해결을 위한 자기조절학습 지원 설계 전략을 구체화하면 다음과 같다.

첫째, 과제 수행 방법에 대한 선택

해결하려는 과제 수행은 과제의 정확한 인식에서부터 비롯된다. 이는 웹 기반 학습이 학습자 스스로 학습 과제를 인식하고 자신의 학습과정과 결과에 대한 책임감을 갖고 자기조절이 가능한 것(Kinzie & Berdel, 1990; McCombs & Marzano, 1990; Weinstein & Stone, 1993; Zimmerman, 1990)이라는 주장에 기인한다. 따라서 해결하고자 하는 과제에 관련된 정보를 개인이나 집단이 탐구하고 분석하기 위해 과제 수행 방법을 선택하는 일은 무엇보다 중요하다.

둘째, 자료 검토와 시간관리

학습은 지식구성의 과정과 함께 결과이다. 습득된 지식을 정확히 이해하고 구조화시키는 재인지(re-cognition) 과정과 필요한 지식을 정리해두는 기능은 학습 여정에서 필수적이다. 이와 함께 개인이나 집단이 학습 주제를 결정한 후, 학습을 수행하기 위한 수행 기간과 과제 수행 일정을 구체화하는 과정은 자기조절학습 전략을 위해 반드시 제공되어야 한다.

셋째, 메타인지와 학습 여정 인식하기

웹 기반 학습 환경에서의 자기조절학습은 Whalley(1993)의 지적대로 단순한 설계적 지원보다는 학습자의 학습전략 활용이 중요하다. 따라서 학습자가 메타인지 기능을 활용하고 학습 여정을 인식하는 과정은 반드시 필요하다. 이는 자기조절학습을 위한 메타인지가 자신의 인지를 계획하고 점검하고 조절하며 교정하는 것이라는 선행 연구 결과(Ertmer & Newby, 1996; Lin, 2001; Pintrich & De Groot, 1990; Zimmerman, 1990; Zimmerman & Martinez-Pons, 1986, 1988)에 기인한다. 아울러 학습 여정은 과제 해결 도중 개인 또는 집단 간에 존재하는 사회적, 과제적, 개념적, 학습 공간적 인식(Goldman, 1992)을 위해 제공되는 전략이다.

넷째, 물리 및 사회적 환경 구성

웹 기반 학습 환경에서 자기조절학습을 위한 환경은 매체를 조절하고 관리하는 물리적 환경과 함께 동료와의 상호 작용을 지원하기 위한 사회적 환경을 의미한다. 이는 과제를 수행하면서 외부 학습 자원을 활용하기 위한 다양한 물리적 환경과 함께 인적 자원을 공유하여 도움을 요청하는 사회적 환경이 되어야 한다. 따라서 Zimmerman과 Martinez-Pons(1986)의 지적대로 웹 기반 학습 환경 구성은 학습자가 필요한 정보를 선택하고 정리할 수 있도록 구조화된 설계 전략이 필요하다.

지금까지 제시한 거시적, 미시적 관점의 설계원리를 토대로 자기조절학습 지원 도구의 주요 기능을 정리하면 〈표 5-2〉와 같다.

〈표 5-2〉 자기조절학습 지원 도구 기능

과제 해결 단계	거시적 관점의 설계 원리	미시적 관점의 설계 전략	주요 기능
사전 단계 수행 단계 사후 단계	메타인지적 지원	과제 수행 방법에 대한 선택	· 계획 · 감시 · 평가 · 학습 여정 인식
사전 단계	동기적 지원	자료 검토와 시간관리	· 과제인식 · 정보 찾기 · 정보 분석 · 과제 해결
사전 단계 사후 단계	행동적 지원	메타인지와 학습 여정 인식하기	· 복습하기 · 전자노트 · 수행 기간 · 과제 수행 일정
수행 단계	환경적 지원	물리 및 사회적 환경 구성	· 과제 수행 환경선택 · 배경 선택 · 도와주세요 · 수정 & 개선

제4부

웹 기반 자기조절학습 지원 도구의 실제

제6장 웹 기반 자기조절학습 지원 도구의 개발과 설계 원리

1. 웹 기반 자기조절학습 지원 도구의 개발

1) 연구 집단 구성과 동질성 검사

웹 기반 학습 환경에서 자기조절학습 지원 도구를 개발하여 집단 유형과 과제 유형에 따라 과제 해결 과정 및 수행에 어떠한 영향을 미치는지를 실험적으로 증명하였다(남정권, 2005a). 이를 위해 학습 집단은 개인학습－개념이해형 집단 32명, 개인학습－지식적용형 집단 34명, 협력학습－개념이해형 집단 36명, 협력학습－지식적용형 집단 35명의 네 집단으로 구성한 후, 미리 제작된 웹 기반 자기조절학습 지원 도구(웹 사이트)를 사용하여 4주간 학습하였다.

과제 해결을 위한 선수학습 지식은 웹 기반 학습 환경에서 학습자가 자기조절을 해나가면서 과제를 수행하는 데 필수적인 능력이다. 집단별 선수학습 지식은 연구의 종속변인에 해당하는 과제 해결 과정과 수행에 영향을 미치는 통제변인이기 때문에 선택된 네 집단의 동질성 여부를 알아보기 위해 과제 해결에 필요한 사전 검사를 실시하였다. 〈표 6-1〉에서 제시된 바와 같이, 선수학습 지식 점수의 평균은 협력학습－개념이해형 집단, 개인학습－개념이해형 집단, 협력학습－지식적용형 집단, 개인학습－지식적용형

집단의 순으로 높았다. 이 가운데 개념이해형 과제를 수행한 집단
이 지식적용형 과제를 수행한 집단에 비해 점수의 평균은 높았으
며, 개인학습에 비해 협력학습을 수행한 집단의 표준편차가 높게
나타났다. 이는 협력학습을 수행한 집단이 개인학습을 수행한 집
단에 비해 이질적인 집단이었음을 의미한다.

<표 6-1> 선수학습 지식에 대한 평균 및 표준편차

집 단	사례 수	평 균	표준편차
개인학습-개념이해형	32	70.31	18.47
개인학습-지식적용형	34	68.52	19.56
협력학습-개념이해형	36	70.82	21.71
협력학습-지식적용형	35	68.57	22.33
전 체	137	69.56	20.52

네 집단에 대한 평균 점수의 차이가 통계적으로 유의미한지를
확인하기 위해 일원분산 분석을 실시하였다. 선수학습 지식에 대
한 사전 검사 결과 집단 간에는 통계적으로 유의미한 차이가 나
타나지 않았다($F_{3,\ 133}=.76$, $p=.51$). 따라서 네 집단은 본 연구에
서 수행하는 학습 내용에 대한 선수학습 지식 정도가 동질적인
집단임을 알 수 있다.

<표 6-2> 선수학습 지식에 대한 일원분산 분석 결과

분산원	자승화	자유도	평균자승화	F값	유의도
집단 간	988.95	3	329.65	.76	.51
집단 내	57451.92	133	431.96		
전 체	58440.87	136			

2) 연구 설계

기존의 자기조절학습 관련 연구에서는 학업 성취도 측정이나 개발된 도구의 유용성 검증을 위한 과제 해결 수행 결과에 초점을 맞추었다. 그러나 본 연구에서 개발된 자기조절학습 지원 도구는 과제 해결 수행 결과 뿐만 아니라 과제 해결 과정에 어떠한 영향을 미치는지를 규명하고자 하였다.

웹 기반 학습 환경에서는 학습자끼리 다양한 상호 작용과 담론 활동이 이루어진다. 따라서 웹 기반 학습 환경에서 자기조절학습 유형이 과제 해결 과정에 미치는 영향은 학습자의 상호 작용 메시지 내용을 토대로 분석될 수 있다. 과제를 해결하는 과정 속에서 표출되는 다양한 메시지와 맥락 속에 내재된 정보들의 내용 분석은 대표 집단을 선정하여 연구될 필요가 있다. 이는 구체적으로 집단 내 또는 집단 간 오고 가는 메시지와 담론 활동을 통해 표출되는 정보들을 분석함으로써 자기조절학습 과정의 변화를 규명할 수 있기 때문이다. 이러한 자기조절학습 과제 해결 과정에 대한 메시지 내용의 분석 결과는 학습자의 암묵적 지식과 내면적 사고를 이해하고 의미 있는 지식 구성에 기여할 것이다. 본 연구에서 과정을 규명하기 위한 주된 관심은 집단 간 비교보다는 자기조절학습 지원 도구가 과제 해결 과정 및 수행에 어떻게 작용하는지를 규명하는 데 있다. 이를 위해 협력학습이 지원되는 대표 집단 2개를 선정하여 4주 동안 표출되는 상호 작용 메시지를 수집하여 분석하였다. 메시지 내용의 양적 분석은 Poole과 Holmes (1995)가 제안한 컴퓨터 기반 의사결정 모형을 토대로 ① 과제 정의 ② 해결안 고안 ③ 해결안 실행 ④ 해결안 평가 ⑤ 점검 및 협력 등 메시지 분석 5단계를 자기조절학습 전략으로 구분하여 요소별로 재구성하였다.

　학습자가 과제를 수행하기 위해 개념이해형 과제와 지식적용형 과제로 나누어 고안하였으며, 개념이해형 과제는 사실이나 개념, 절차, 원리 등을 학습 순서에 따라 수행하며, 지식적용형 과제는 실제 상황 적용 능력이나 실기 능력을 습득하기 위해 학습자가 학습 활동을 계획할 수 있도록 지원하는 설계 방식이다. 개념이해형 과제 수행은 단순한 사실이나 원리를 이해하거나 암기하는 개인학습에 적합할 수 있으나, 협력학습 환경에서 자기조절학습 전략을 적용하여 그 결과를 알아보았다. 또한, 지식적용형 과제 수행은 협력학습에 적합할 수 있으나, 개인학습 환경에서 자기조절학습 전략을 적용하여 그 결과를 알아보았다. 〈표 6-3〉은 자기조절학습 집단 유형과 과제 유형을 유형별로 분류한 것이며, 독립변인은 자기조절학습 집단 유형과 과제 유형이며 종속변인은 과제 해결 수행 결과이다.

〈표 6-3〉 유형별 분류

집단 유형 \ 과제 유형	개념이해형	지식적용형
개인학습	개인학습 - 개념이해형 집단	개인학습 - 지식적용형 집단
협력학습	협력학습 - 개념이해형 집단	협력학습 - 지식적용형 집단

3) 연구 절차

선행 연구를 토대로 도출된 자기조절학습 요소를 본 연구의 목적에 맞게 재구성하여 양적 연구와 질적 연구를 동시에 수행하였다.

자기조절학습 과제 해결 과정에서의 양적연구 설계는 Poole과 Holmes(1995)가 제안한 컴퓨터 기반 의사결정 모형을 토대로 설계되었으며, 질적 연구 설계는 메타인지, 행동, 환경 요소를 분석하도록 고안되었다. 한편, 자기조절학습 과제 해결 수행에 대한 연구 설계는 지식적용형 과제의 경우 동료 간 수행평가를 수행하였으며, 개념이해형 과제는 온라인 검사를 수행하도록 설계하였다. 또한, 연구 도구의 타당성을 확보하기 위해 1주일 동안 대학생 15명을 대상으로 학습자 예비 실험을 실시하였으며, 집단 간 동질성 검사는 선수학습 지식 검사의 결과를 분석하여 실시하였다.

과제 해결 과정에 대한 평가는 네 집단의 상호 작용 메시지 내용 분석과 자기평가 검사지를 분석하였으며, 과제 해결 수행에 대한 평가는 개념이해형 과제와 지식적용형 과제에 대한 집단 유형 간 평균 점수를 t검증하여 분석하였으며, 학습자 반응 검사를 집단별로 수행하였다.

2. 웹 기반 자기조절학습 지원 도구의 설계 원리

1) 웹 기반 자기조절학습 지원 도구의 연구모형과 흐름도

(1) 연구 모형

웹 기반 학습 환경에서 자기조절학습을 지원하기 위해 도구의 설계와 제작을 위한 연구 모형은 [그림 6-1]과 같이 다섯 가지 요소로 구성하였다.

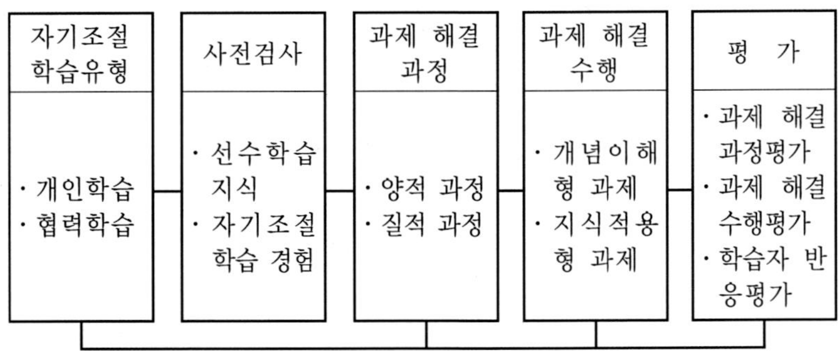

[그림 6-1] 설계 및 제작을 위한 연구 모형

웹 기반 자기조절학습 지원 도구는 학습 유형에 따라 개인학습과 협력학습의 2종으로 나누어 설계하였다. 개인학습은 학습자가 혼자서 과제를 수행해나가는 방식이며, 협력학습은 2명 이상의 학습자가 팀을 이루어 과제를 해결해나가는 방식이다. 학습 유형에 따른 학습 대상자는 무작위로 선발하였으며, 학습 유형에 따라 자기조절학습 기능은 다르게 구성하였다. 개인학습의 경우 환경 요소가 제공된 반면, 협력학습은 환경 요소와 함께 메타인지 및 행동 요소가 제공되었다. 또한, 사전검사는 학습자의 선수학습 지식 정도와 자기조절학습 경험에 대한 학습자 분석을 실시하기 위하여 반드시 수행되도록 구성하였다.

연구 수행에 필요한 웹 기반 자기조절학습 지원 도구의 과제 해결 과정은 양적 과정과 질적 과정으로 분류된다. 양적 과정은 학습자가 과제를 해결하기 위해 학습자끼리 교환한 상호 작용 메시지 빈도를 Poole과 Holmes(1995)가 제안한 컴퓨터 기반 의사결정 모형을 토대로 제작한 '자기조절학습 과제 해결 분석 틀'로 계량화하였다. 반면에 질적 과정은 메타인지, 행동 및 환경 등 3개 항목에 대한 학습자 메시지를 분석한 것이다. 이와 함께 학습자가 자기평가 검사를 수행함으로써 과제 해결 과정에 대해 스스로 진단해보도록 구성하였다. 본 연구에서 과제 해결 수행은 학습자가 학습한 결과를 뜻하는 것으로서 개념이해형 과제를 학습한 경우에는 퀴즈와 온라인 시험을 수행하며, 지식적용형 과제의 수행 결과는 Clemmons와 그의 동료들(1993)이 제안한 도구를 기초로 제작한 수행평가 검사를 통해 동료 간 검사를 수행하도록 구성하였다. 마지막 단계인 평가방법은 과제 해결 과정과 함께 수행에 관한 평가를 위해 퀴즈, 온라인 시험, 수행평가 검사, 학습자 반응 검사들로 구성되었다. 특히, 본 연구 모형에서는 수행과정에서 학습자의 상호 작용을 지원하고 자기조절학습을 지원하기 위해 집단 토론방이나 성찰일지, 전자노트 등의 수행 도구를 제공하였다. 이는 학습자들끼리 협력학습을 필요로 하는 지식적용형 학습에서 유익한 기능임을 연구 결과 확인하였다.

(2) 과제 수행을 위한 흐름도

개념이해형 과제 수행은 [그림 6-2]와 같이 3단계로 구성하였다. 준비단계에 해당하는 '학습방법안내' 기능은 학습자가 연구 모형을 사용하기 이전에 선수학습 지식 검사와 함께 평가에 관한 안내 및 학습기간, 학습방법 등이 구체적으로 안내된다. 이는 학습자가 자기스스로 학습할 수 있도록 안내하는 기능이다. 개념이해형 수행단계는 수행도구를 사용하여 학습을 수행하는 단계이다. 이는 학습자 혼자서 과제를 해결해나가는 개인학습과 협력적 상호 작용을 통해 해결하는 협력학습으로 구성되었으며, 수행도구는 개인학습과 협력학습을 지원하기 위한 '집단 토론방, 복습하기, 학습진도 알아보기' 등이다. 사후 단계에 해당하는 시험 및 검사는 학습 도중 학습한 내용을 진단하기 위한 단원별 퀴즈풀이와 성취도 평가에 해당하는 온라인 시험이 제공된다. 이는 학습자 스스로 학습 정도를 진단하고 학습목표의 도달 여부를 평가하도록 지원하는 기능이다. '강의 자료실' 기능은 언제든지 학습자가 학습한 내용을 탐색하여 학습할 수 있는 학습 자료실이다.

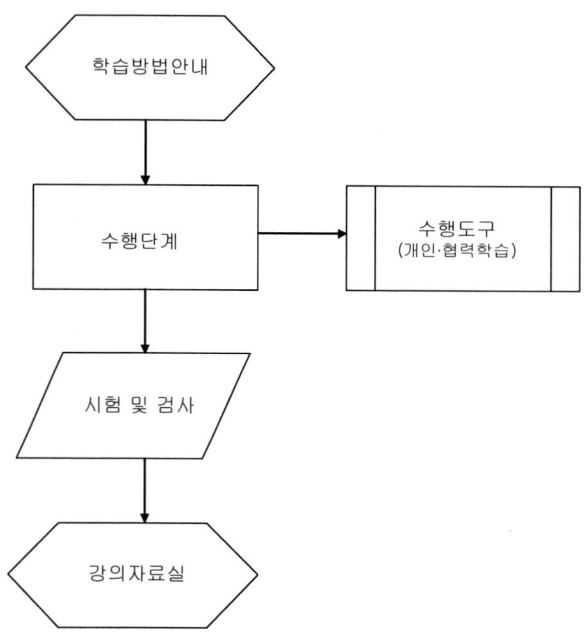

[그림 6-2] 개념이해형 과제 수행을 위한 흐름도

　지식적용형 과제 수행은 [그림 6-3]과 같이 4단계로 구성되어 있다. 준비단계에서는 '과제 수행 안내' 기능을 통해 학습자가 연구모형을 사용하기 이전에 선수학습 지식 검사와 과제 수행일정, 학습 내용, 학습 활동방법, 과제물처리, 평가기준 등이 구체적으로 안내된다. 이는 학습자가 스스로 습득한 지식을 적용하여 새로운 학습 결과물을 얻도록 지원하는 기능이며, 본 연구에서는 ASSURE 모형에 의한 학습지도안 완성을 최종 과제물로 설정하였다.

　사전단계는 '계획'과 '과제 수행 방법 선택'의 두 가지 메뉴로 구성되었으며, 개인 또는 집단별로 학습계획을 수립하고 실제 학습

을 수행하기 위한 수행방법을 구체화하는 단계이다. '계획' 과정은
수업목표를 설정한 후 주별 일정과 조원역할을 각자 정하고 조원
들의 활동내용을 구체화하는 과정이다.

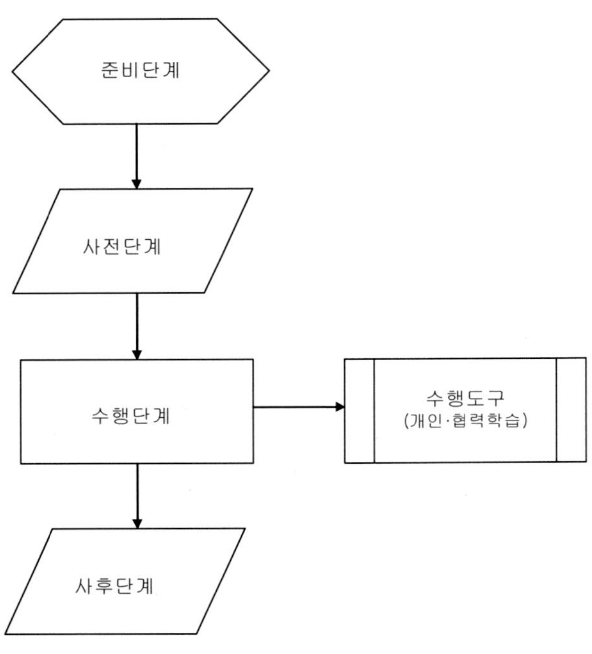

[그림 6-3] 지식적용형 과제 수행을 위한 흐름도

'과제 수행 방법 선택' 기능은 '과제인식', '정보찾기', '정보분석',
'과제 해결'의 4단계에 관해 구체적인 과제 수행 방법을 결정하여
작성하도록 하였다.

수행단계는 수행도구를 사용하여 학습을 수행하는 단계이다. 이
는 학습자 혼자서 과제를 해결해나가는 개인학습과 협력적 상호

작용을 통해 해결하는 협력학습으로 구성된다. 본 모형에서 수행 단계는 작성된 중간 과제물을 교수자와 동료끼리 점검하기 위한 과정이며, 이러한 점검과정은 수정 및 보완과정을 거쳐서 최종 과제물을 작성하게 된다. 또한 학습을 수행하는 도중에 발생하는 다양한 의견들은 '의견서 제출' 과정을 통해 교수자와 학습자가 상호작용을 하도록 제공하였다. 수행단계에서의 수행도구는 개인학습과 협력학습을 지원하기 위한 '집단 토론방', '성찰일지', '전자노트', '학습진도 알아보기' 기능을 구체화하여 제작하였다.

사후단계에서는 '복습하기' 기능을 통해 학습자끼리 학습에 관련된 내용이나 지식들을 협력적으로 동료 간에 교환하고 정리하는 과정이다. 이는 학습자 스스로 학습 정도를 진단하고 동료와의 학습 정도를 점검함으로써 학습 도달 여부를 인지하고 학습과정을 성찰하도록 지원하는 기능이다. 지식적용형 모형에서 '강의 자료실'은 학습자가 언제든지 학습에 필요한 내용을 탐색하여 활용할 수 있도록 지원하였다.

2) 웹 기반 자기조절학습 지원 도구의 구조 및 구성요소

(1) 학습 내용의 구성

웹 기반 자기조절학습 지원 도구에서 개발하여 제시하는 주요 학습 내용은 교육공학 기초 이론인 교수체제 설계와 ASSURE 모형을 중심으로 웹 기반 학습 환경에서 자기조절학습 지원 도구를 사용하여 과제를 해결하도록 구성하였다. 이는 교수설계 관련 이론의 개념 이해와 함께 과제를 단계별로 수행하면서 교육공학 관련 지식들을 적용하여 새로운 지식을 구성할 수 있도록 고안되었다. 학습 내용 구성은 [그림 6-4]와 같다.

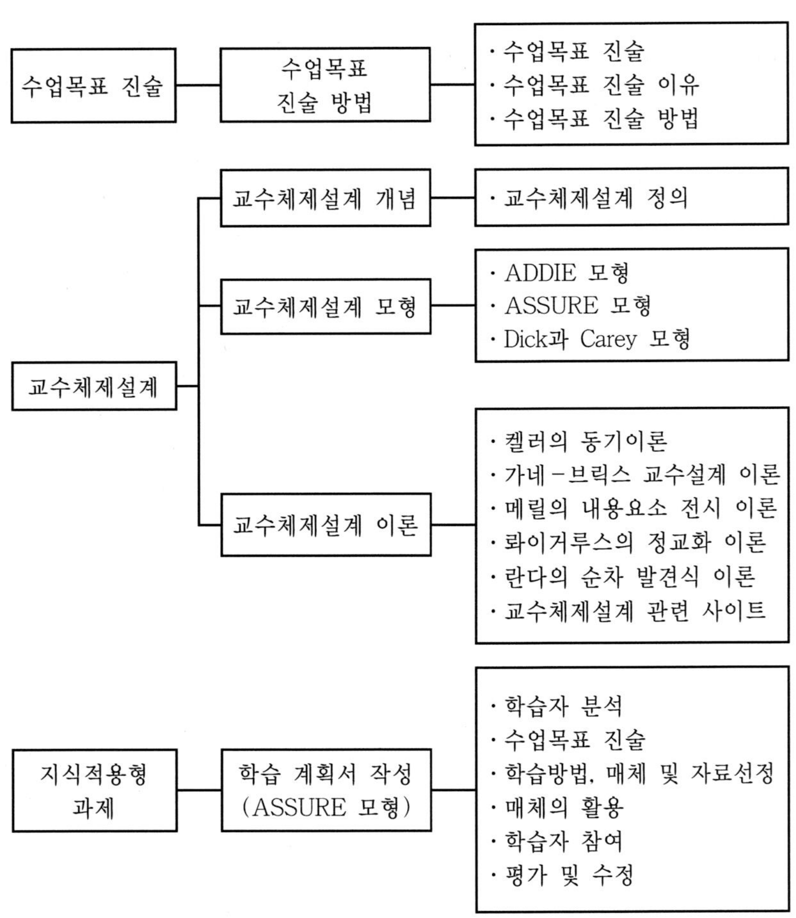

[그림 6-4] 학습 내용 구성

(2) 자기조절학습 지원 도구의 구조

개발된 자기조절학습 지원 도구의 구조는 [그림 6-5]와 같이 학습 유형, 학습자 진단, 학습 수행, 자기조절의 네 영역으로 되어 있다.

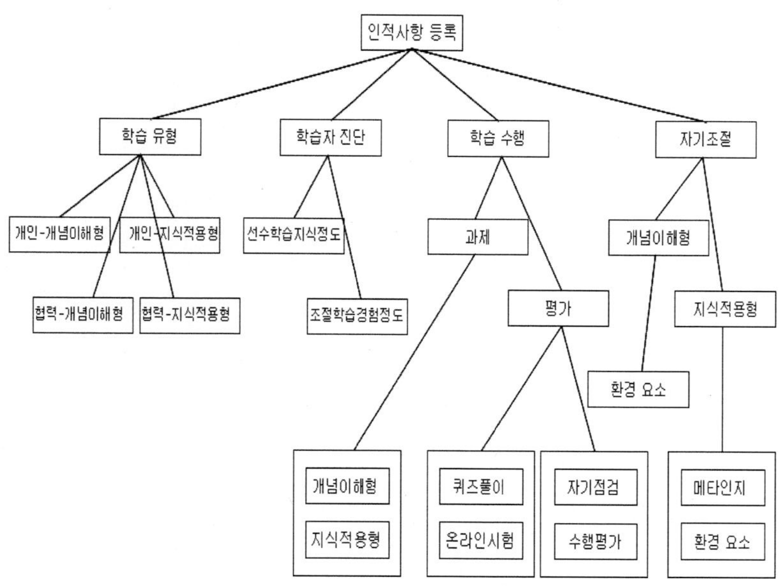

[그림 6-5] 자기조절학습 지원 도구의 구조

첫 번째는 학습자가 자신의 인적 사항을 등록한 후 학습 유형을 선택하는 부분이다. 이 부분은 등록된 학습자를 무작위로 선정하여 학습 유형이 자동적으로 선택되도록 설계하였다. 그러한 이유는 연구 대상자를 무선 할당하여 배치함으로써 표본 추출 오차를 줄이는 데 있다. 학습 유형은 개인학습－개념이해형, 개인학습－지식적용형, 협력학습－개념이해형, 협력학습－지식적용형의 네 집단으로 구성되었다. 두 번째는 학습자 진단 부분으로서 선수학습 지식 진단과 자기조절학습 경험 정도에 대한 진단이다. 학습자 진단 부분에서는 학습자의 사전지식을 파악하는 데 그 목표가 있다. 이 부분에서 학습자 개개인의 사전지식이 파악되면 학습 활동 과정에서 학습자에게 적합한 과제를 선별하여 제공될 수 있다. 세 번째는 학습수행에 대한 부분으로 과제에 대한 부분과 평가에 대한 부분으로 구성되었다. 과제에 대한 부분은 과제의 유형에 따라 개념이해형 과제와 지식적용형 과제를 제공함으로써 웹 기반 학습 환경에서 자기조절학습 지원 도구가 과제 유형에 따라 어떠한 효과가 있는지를 규명할 수 있다. 평가 부분에서 개념이해형 과제를 수행하는 학습자는 2회의 퀴즈풀이와 1회의 온라인 시험을 통해 자신의 학습과정과 결과에 대한 수행 정도를 진단하고 점검할 수 있다. 한편, 지식적용형 과제를 수행하는 학습자는 학습을 수행하는 도중에 '타 집단 계획보기' 기능과 '타 집단 과제 수행 방법 보기' 기능을 사용하여 학습과정에 대한 자기점검이 가능하며, 학습을 수행한 후 '수행평가'를 통해 결과에 대한 평가를 수행할 수 있다. 네 번째의 자기조절 지원 부분에서는 자기조절학습을 수행하기 위한 메타인지, 동기, 행동, 환경 요소를 지원하기 위해 수행 도구 기능을 제공하였다. 특히, 개발된 웹 기반 자기조절학습 지원 도구는 과제 유형에 따른 상호 작용을 지원하기 위해 다양한 기능이 제공되었다. 개념이해형 과제를 수행하는 학습자는 물리적 및 사회적 환경 기능, 환경요소인 '집단토론방', 행동 요소인 '복습하기' 기능을 제공하여 개인이나 동료 간의 상호 작용을 지원하도록 설계하였다. 한편, 지식적용형 과제를 수행하는 학습자는 물리적 및 사회적 환경 기능, 환경요소인 '집단토론방', 행동 요소인 '복습하기' 기능 이외에 메타인지 요소인 '성찰일지' 기능과 행동 요소

인 '전자노트' 기능을 동시에 제공함으로써 학습과정에 대한 자기
점검 및 자기관찰을 수행하도록 설계하였다. 그러한 이유는 지식
적용형 학습의 경우 개념이해형 학습과 달리 습득한 지식을 적용
하여 새로운 지식을 생성해야 하기 때문에 자기감시와 자기관찰을
통한 자기조절학습 수행이 지원될 필요가 있기 때문이다.

(3) 자기조절학습 지원 도구의 구성 요소

구성 요소는 과제 유형과 집단 유형을 기반으로 학습자에게 자
기조절학습 기능을 제공한다. 이를 위해서 메타인지, 동기, 행동,
환경에 관한 네 가지 자기조절학습 요소를 사용하여 실시간으로
정보를 처리할 수 있도록 구성하였다. [그림 6-6]은 자기조절학습
지원 도구의 연구 모형 구성을 보여주고 있다.

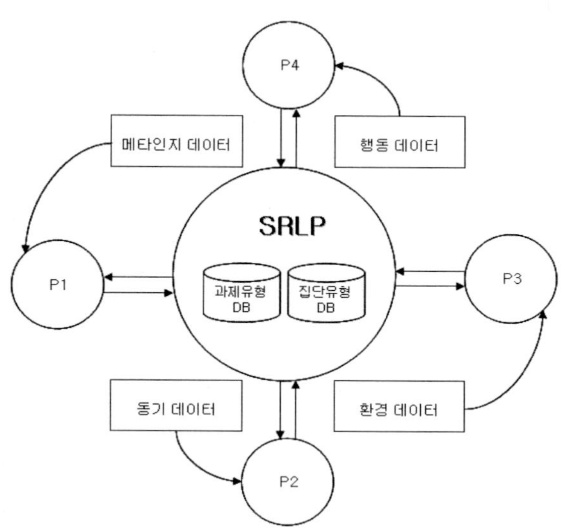

[그림 6-6] 연구 모형의 구성도

지금까지 제시한 자기조절학습 지원 도구의 연구 모형에서 제시된 메타인지, 동기, 행동, 환경 데이터들은 서버에 저장된 과제 유형 데이터베이스와 집단 유형 데이터베이스 내의 정보들을 가져오거나 새로운 정보를 생성하게 된다. 이때 생성된 정보들은 각각의 프로그램 화면을 통하여 학습자에게 제시된다. 각각의 구성 요소를 설명하면 다음과 같다. 첫째, 메타인지에 대한 요소이다. 메타인지는 학습자가 자신의 학습에 관해 계획하고 점검하고 교정하기 위해 학습목표 설정과 계획, 정보 탐색 및 감시, 수업 내용의 회상 및 점검 과정이 반영되어야 한다. 따라서 본 연구에서는 계획, 감시, 평가 및 학습 여정 메뉴를 통해 메타인지 요소를 제공하였다. 계획 단계에서 학습목표 세우기와 학습 활동 방법을 제공하였으며, 감시 활동으로는 타 집단 계획보기, 타 집단 과제 수행 방법보기, 학습진도 알아보기 기능이 제공되었다. 평가는 퀴즈와 온라인 시험 및 수행평가 기능이 제공되었으며, 학습 활동을 돕기 위해 학습자 자신의 역할과 위치를 점검하고 의사를 교환하도록 제공하였다. 둘째, 동기는 학습자들이 목적을 설정한 후 새로운 학습전략을 사용하여 능동적인 학습 참여를 유도하기 위한 전략이다. 본 연구에서 동기 지원은 과제 수행 방법 선택 기능을 통해 과제에 대한 인식, 정보 찾기, 정보 분석, 과제 해결에 관한 구체적인 과제 수행 방법을 학습자가 선택하여 제시하도록 구성하였다. 셋째, 행동 요소를 지원하기 위해 자료검토와 시간관리 메뉴를 제공하였다. 이는 복습하기와 전자노트 기능을 사용하여 학습자가 동료와 개인의 학습 상황을 비교하여 점검하고 검토하는 기능을 가지며, 과제 수행 기간과 과제 수행 일정을 스스로 설정하도록 돕는 것을 의미한다. 넷째, 환경은 실제적인 학습 상황 속에서 성공적인 학업 성취를 위해 지원되는 전략이다. 본 연구에서는 웹이라는 환경 속에서 매체를 관리하는 물리적 환경과 동료 및 외부 자원과의 의사소통을 촉진하는 사회적 환경으로 구성하였다. 물리적 환경은 과제를 수행하는 도중에 일어나는 다양한 물리적 결함이나 요소를 해결하기 위해 '과제 수행 환경' 및 '배경선택' 기능을 제공하였으며, 사회적 환경은 인적자원을 활용하도록 '도와주세요'와 '수정 및 개선방' 기능을 각각 제공하였다.

3) 자기조절학습 지원 시스템 설계

E-R(Entity-Relationship) 다이어그램은 개체 집합과 이들 간의 관계 집합을 이용하여 현실세계를 개념적으로 표현하는 방법이다 (이석호, 1996). [그림 6-7]은 자기조절학습 지원 시스템 설계에 관한 논리적 구조를 나타내는 E-R 다이어그램과 모듈 다이어그램의 관계이다. 이 시스템은 현실세계와 학습자 간의 E-R 다이어그램과 학습자와 과제 유형 데이터베이스 간의 모듈 다이어그램을 토대로 자기조절학습 시스템 설계 과정을 E-R 모형에 기초하여 규명하였다.

[그림 6-7] E-R 다이어그램과 모듈 다이어그램의 관계

(1) E-R 다이어그램

E-R 다이어그램은 정보 구조를 표현할 때 사용되는 도형을 말한다. 개발된 자기조절학습 지원 도구의 학습 유형 간 관계를 표현한 E-R 다이어그램은 [그림 6-8]과 같다. 제시된 그림에서 사각형은 개체 집합을 표현하며, 다이어몬드는 관계집합, 타원은 속성을 각각 나타내며, 이들을 연결하는 링크는 직선들로 구성되어 있다. 따라서 개발된 자기조절학습 지원 도구는 네 개의 개체 집합들이 다섯 개의 관계집합을 사용하여 자기조절학습 속성을 구현하도록 설계되었다. 집단 유형에 있어서 개인학습과 협력학습으로 구분한 후, 과제 유형에 있어서는 개념이해형 과제와 지식적용형 과제로 나누어 설계하였다. 그러나 자기조절학습을 수행하기 위한 학습 유형은 집단 유형과 과제 유형을 혼합하여 개인학습-개념이해형 과제, 개인학습-지식적용형 과제, 협력학습-개념이해형 과제, 협력학습-지식적용형 과제 등 네 개 과제로 구성하였다. 이러한 E-R 다이어그램은 개발된 자기조절학습 지원 도구가 학습 유형에 있어서 각각 분리되어 연구되지 않고 서로 유기적인 관계로 설계되었음을 의미한다.

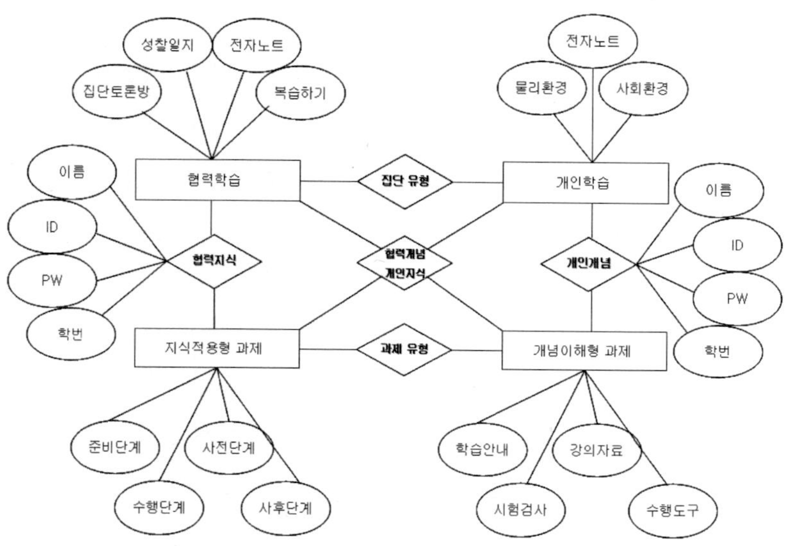

[그림 6-8] 학습 유형 간 관계를 표현한 E-R 다이어그램

(2) 학습자 모듈 다이어그램

자기조절학습을 수행하기 위한 학습자 모듈 다이어그램은 학습
과정을 관찰하여 변화되는 학습상태를 파악함으로써 학습자에게
적절한 과제 유형과 자기조절학습을 지원하기 위한 기능으로 설계
되었다. 이를 위해 자기조절학습 지원 시스템 설계에서는 집단 유
형과 과제 유형 모듈로 구성하였다. 집단 유형 모듈은 개인 신상
정보, 학습 수행 및 결과 정보, 학습 선호도 및 학습 경험 정보들
로 구성되었으며, 과제 유형 모듈은 이러한 정보를 학습과정에 지
속적으로 반영하고 관리하기 위해 시스템에서 측정하여 분석 및
관리할 수 있도록 설계하였다. 이 가운데 학습자 개개인을 구별하
고 관리하기 위한 학습자 개인 신상정보는 성명, 아이디(ID), 비밀

번호와 같은 필수 정보와 연락처, 전공, 관심 분야 등의 참고정보로 구성하였다. 또한, 집단 유형 모듈과 과제 유형 모듈 간에는 학습자 분석을 통해 얻어진 정보를 기초로 하여 개념이해형－개인학습 집단, 개념이해형－협력학습 집단, 지식적용형－개인학습 집단, 지식적용형－협력학습의 네 집단으로 구성하였다. 학습 수행 및 결과에 대한 정보는 퀴즈, 온라인 시험 점수, 수행평가 검사와 학습자 자기평가 검사 및 학습자 반응 검사로 구성되었으며, 학습 선호도와 학습 경험 정보는 선수학습 지식 검사를 통하여 학습 선호도와 배경지식에 관한 정보를 관리할 수 있도록 설계하였다. 이와 같이 구성된 학습자 모듈은 [그림 6-9]와 같이 학습자 분석 프로파일 모듈에 의해 운영 및 관리되는 구조를 갖도록 설계하였다.

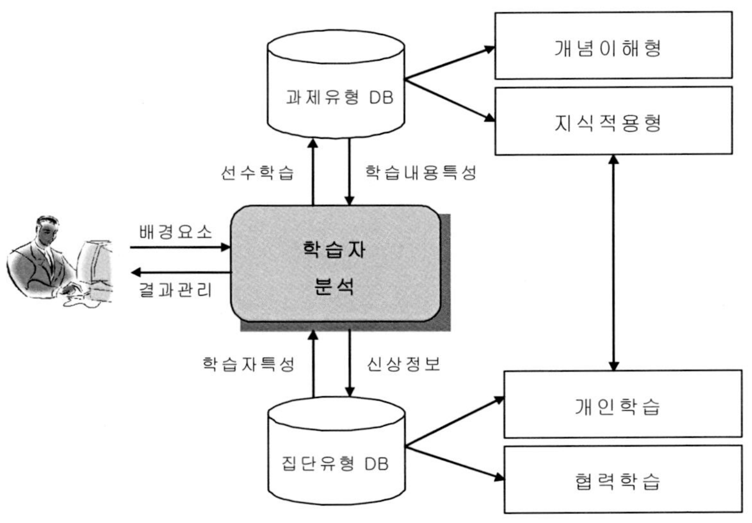

[그림 6-9] 학습자 모듈 다이어그램

4) 기능에 따른 웹 기반 자기조절학습 지원 흐름도

개발한 웹 기반 자기조절학습 지원 도구는 과제 유형에 따라 개념이해형 과제와 지식적용형 과제를 수행하도록 설계하였다. 개념이해형 과제 수행은 제시된 순서에 따라 일정하게 과제를 수행하는 방법으로 모든 프레임을 학습한 후에 코스웨어에 대한 과제를 마치는 순서적인 방법이다. 반면, 지식적용형 과제 수행은 일정한 과제 순서를 정해놓지 않고 학습자의 학습계획에 따라 해결해야 할 과제 내용을 결정한 후 학습에 참여하는 방법이다. 웹 기반 학습 환경에서 효과적인 자기조절학습이 이루어질 수 있는 지원 시스템의 흐름도는 [그림 6-10a], [그림 6-10b], [그림 6-10c]와 같다.

웹 기반 자기조절학습 지원 도구에 접속하여 과제 수행에 참여하는 학습자들은 초기 로그인 과정을 거쳐 접속을 위한 인증을 받아야 하며, 인증의 과정을 거치지 않은 학습자는 시스템 접근을 제한하였다. 계정 신청의 과정을 거쳐 저장된 학습자 데이터베이스에 의해 학습자 아이디와 패스워드를 입력하면, 서버는 시스템 접근 권한을 주고 구분에 의해 개념이해형 학습자와 지식적용형 학습자 인터페이스로 이동된다. 개념이해형 학습 수행은 협력학습자와 개인학습자를 구분한 후 해당 과제로 이동되도록 구성하였다. 제시된 과제는 단계적으로 해결하도록 하였으며, 퀴즈풀이와 온라인 시험을 마친 후 자기조절학습 검사지를 수행함으로써 개념이해형 학습 프로그램을 종료하도록 구성하였다. 한편, 지식적용형 학습 수행은 개념이해형 학습 수행과 마찬가지로 협력학습자와 개인학습자를 구분한 후 해당 과제를 수행하도록 구성하였다. 과제 해결은 개인 또는 협력 활동을 통해 '계획, 과제 수행 방법

선택'기능을 수행한 후 수행 도구를 사용하여 과제를 해결하도록
구성하였다.

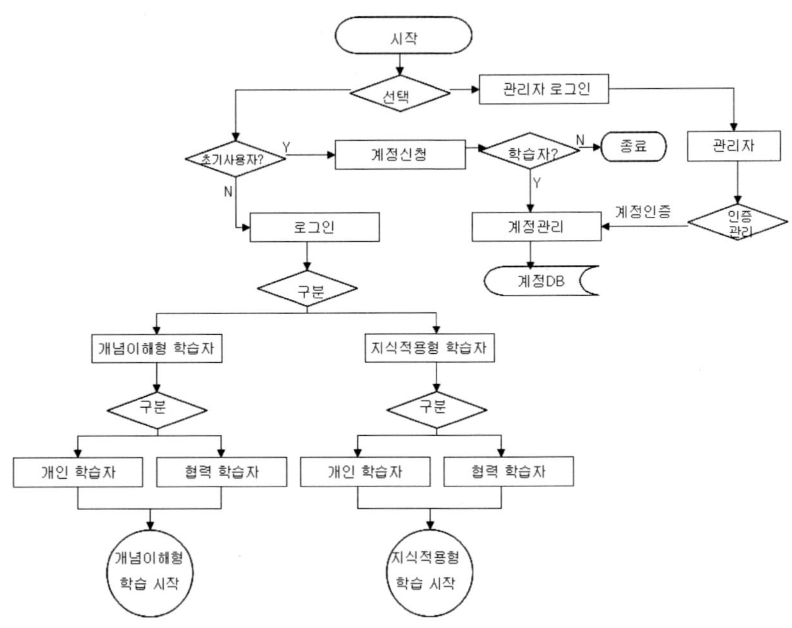

[그림 6-10a] 웹 기반 자기조절학습 지원 시스템 전체 흐름도

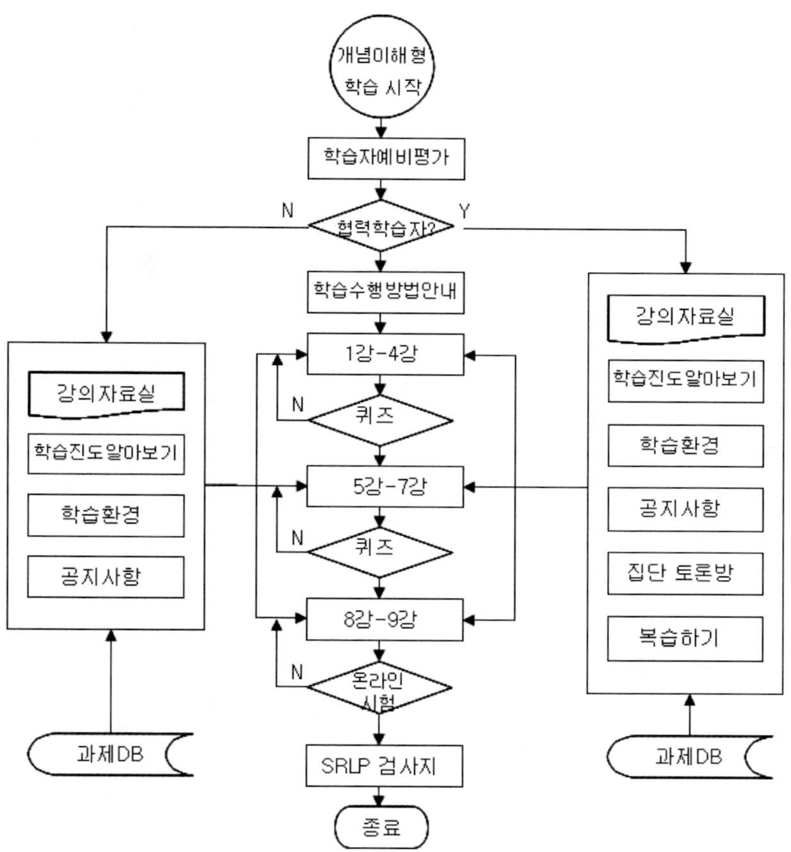

[그림 6-10b] 개념이해형 흐름도

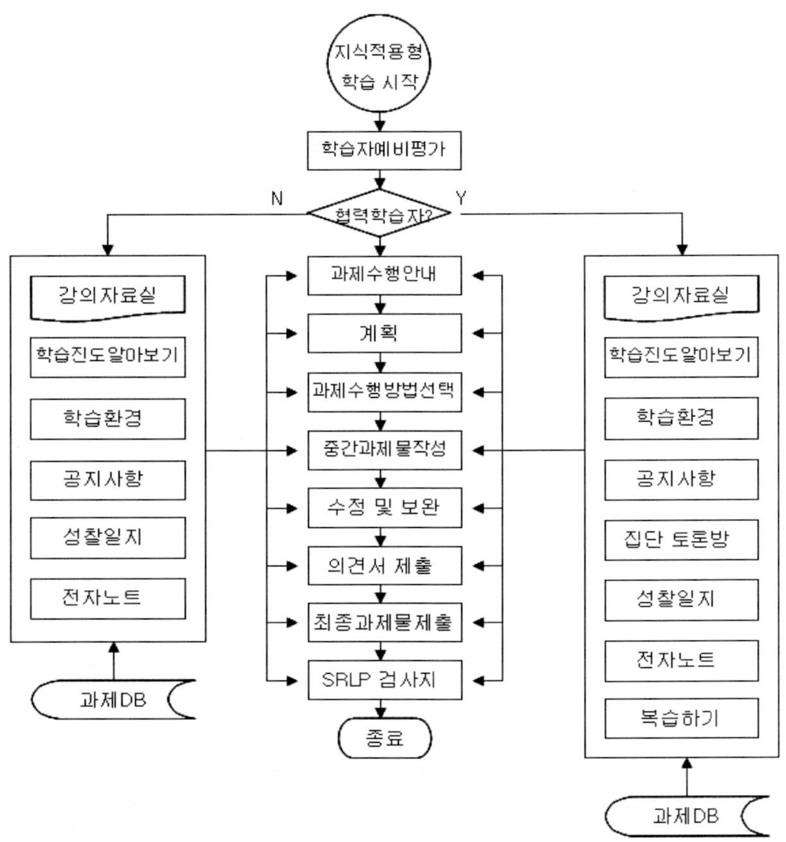

[그림 6-10c] 지식적용형 흐름도

5) 웹 기반 자기조절학습 지원 도구의 단계별 알고리즘

웹 기반 자기조절학습 지원 도구의 메뉴나 기능은 동일한 방식
으로 구성하였으며, 기능과 특성을 고려한 각 단계별 수행 알고리
즘은 다음과 같다.

(1) 과제 수행 안내(준비 단계)

과제 수행 안내 과정은 웹 기반 자기조절학습을 수행하기 이전에 알아두어야 할 준비 단계이다. 이 과정은 과제 수행 기간 및 일정, 학습 내용, 학습 활동 방법, 최종 과제물 처리, 평가기준 등에 관한 안내와 수행 방법에 관한 기술이다. 이러한 과정을 통해 학습 참가자들은 수행 일정과 학습 방법에 관한 구체적인 안내를 제공받게 되며, 본 연구에서는 면대면 집합교육에서 인쇄물과 웹 사이트를 통해 사전에 연습할 기회를 제공하였다.

(2) 과제 해결 계획(사전 단계)

과제 해결 계획 과정은 학습 계획을 수립하는 단계이다. 여기서 학습 참가자들은 학습목표를 세우고 개인별로 학습 계획과 역할을 구체적으로 분배하고 조직하는 과정이다. 이 단계는 지식적용형 학습에 해당되며, 타 집단 계획보기, 학습목표 세우기, 학습 활동 방법의 세 가지 영역으로 구성하였다([그림 6-11] 참조).

'타 집단 계획보기' 메뉴는 집단 간 학습 활동을 언제나 감시(monitoring)함으로써 집단 내 학습 활동을 격려하고 촉진하기 위한 과정이다. '학습목표 세우기' 메뉴는 집단별 학습 활동으로서 학습 주제를 논의하여 결정한 후 Mager의 수업목표 진술 요령(Heinich et al., 2002에서 재인용)에 의해 학습목표를 진술하였다. 설정된 학습목표를 토대로 주별로 집단별 학습 일정에 대해 구체적으로 토론하여 제시하였다. '학습 활동방법' 메뉴는 집단 내에서 구체적인 학습 활동을 수행하기 위해 개인별 역할과 활동 내용을 조정하고 결정하는 과정이다. 모든 계획 단계는 집단별로 충분히 논의되어 결정한 후 조장이 최종적으로 사이트에 게시하는 권한을 갖게 되는데, 이는 집단별 학습 활동이 원활하게 진행되고 책임 있는 학습 수행을 지원하기 위한 전략이다. 집단 유형이 개인학습인 경우는 개인별로 조장의 권한과 집단별 기능을 모두 부여하여 집단의 역할을 수행하도록 지원하였다.

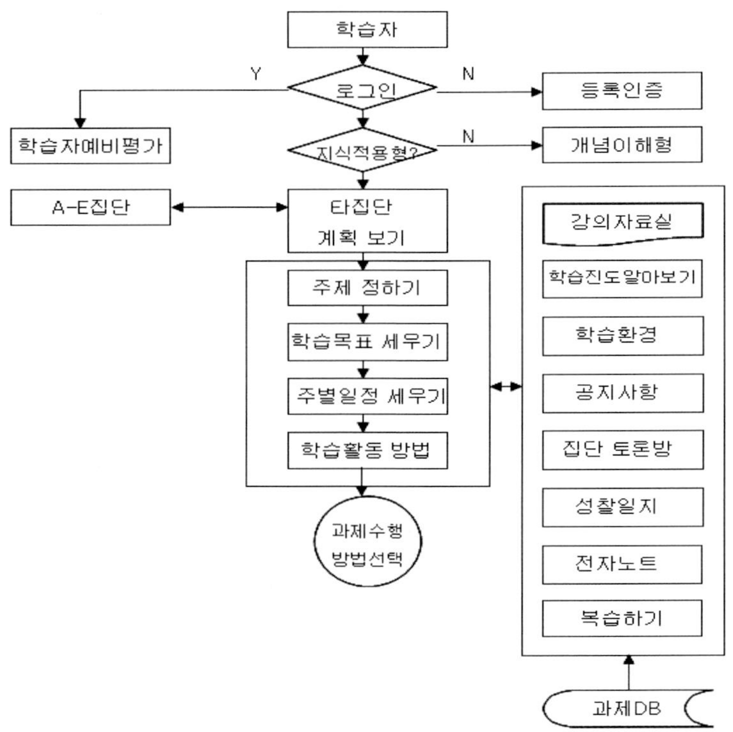

[그림 6-11] 과제 해결 계획 알고리즘

(3) 과제 수행 방법 선택(사전 단계)

학습 활동 수행단계 이전에 결정해야 하는 과정은 과제별로 구체적인 수행 방법을 결정하고 선택하는 사전 단계 활동이다. 이 과정은 '타 집단 과제 수행 방법 보기', '단계별 활동' 등 두 가지 영역으로 구성하였다([그림 6-12] 참조).

 '타 집단 과제 수행 방법 보기' 메뉴는 과제 해결 계획 단계와 마찬가지로 다른 집단의 과제 수행 방법을 통해 집단 간 정보 교환을 촉진하고 집단 내 과제 수행 방법 선택 활동을 촉진하기 위한 전략이다. '단계별 활동' 메뉴는 '과제인식', '정보찾기', '정보분석', '과제 해결' 등 네 가지 요소로 구성하였다.

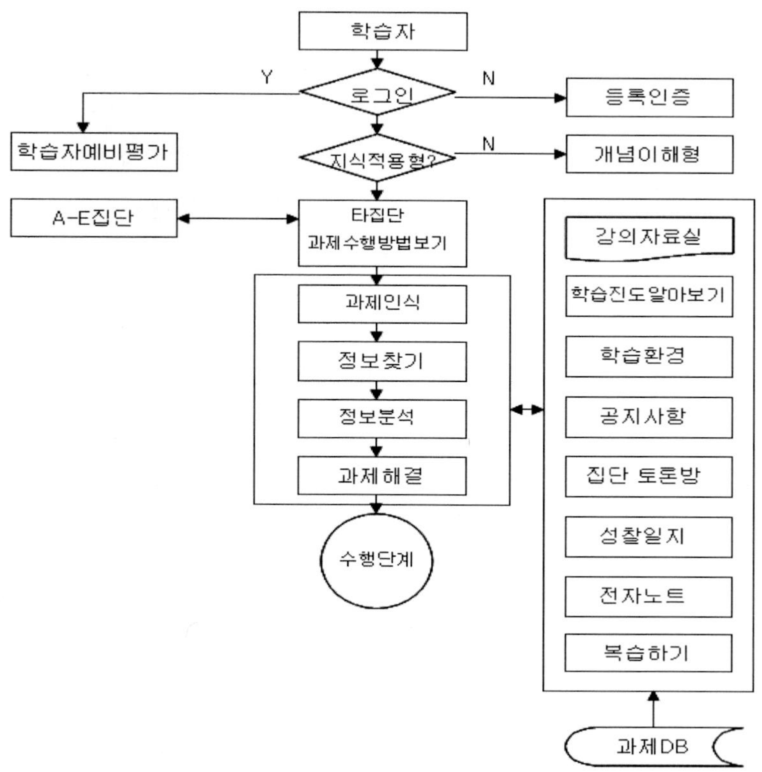

[그림 6-12] 과제 수행 방법 선택 알고리즘

(4) 수행(수행 단계)

수행 단계는 실제적인 학습 활동을 수행하면서 도출되는 집단 내 의견이나 과제물을 조장에게 권한을 주어 파일로 게시하는 과정이다. 이 단계는 중간 과제물과 결과물을 제출하는 단계이기 때문에 집단의 결집력을 모으고 의견 조정을 중재하기 위해 조장에게만 권한을 부여하였다. 자기조절학습 지원 도구의 수행 단계는 '중간 과제물 작성', '수정 및 보완', '의견서 제출', '최종 과제물 제출' 등 네 가지 영역으로 구성하였다([그림 6-12] 참조).

'중간 과제물 작성' 메뉴는 2주간 과제를 수행한 후 집단 내에서 수행 중인 과제물 진행 결과를 확인하는 과정이다. '수정 및 보완' 메뉴는 이미 제출한 중간 과제물을 재수정하거나 보완하여 다시 제출하는 단계로서 가변적 사고를 지원하기 위한 전략이다. '의견서 제출' 메뉴는 집단 내에서 학습 과제를 수행하면서 표출된 다양한 의견과 사고를 종합하고 정리하여 제출함으로써 학습자 간 상호 작용을 촉진하기 위한 전략이다. '최종 과제물 제출' 메뉴는 집단별로 4주간 수행한 학습 결과를 최종 검토하고 정리하여 제출하도록 지원하였다. 제출된 과제물은 학습자가 최종적으로 작성하여 제출한 '수업 계획서'를 의미한다.

(5) 수행 도구(수행 단계)

사전 단계에서 설정된 과제의 수행을 지원하고 촉진하기 위한 수행 도구 메뉴는 성찰일지, 집단 토론방, 전자노트, 학습진도 알아보기 등 네 가지 영역으로 구성하였다([그림 6-13] 참조).

'성찰일지' 메뉴는 개인의 학습 활동을 성찰하고 스스로 점검하기 위해 학습을 수행한 후 매일 학습 소감이나 성찰 내용을 기입하도록 지원하였다. '집단 토론방' 메뉴는 개인이 속해 있는 집단 내의 동료나 조장이 제시한 의견을 찬성, 반박, 논쟁, 제안 등 네 가지 토론 형식을 통해 상호 작용을 촉진하는 전략이다. '전자노트' 메뉴는 개인별 메모 기능과 함께 학습 내용을 정리하도록 지원하는 기능이다. '학습진도 알아보기'는 개인이 속해 있는 집단을 다른 집단의 학습 상황과 비교하여 성찰함으로써 개인과 집단의 학습 활동을 촉진하기 위한 전략이다. 이는 학습의 진행 상황을 나의집단, 평균집단, 기준집단의 세 가지로 분류하여 백분율로 제시하였다. '나의집단'은 개인이 속해 있는 학습 진행 상황, '평균집단'은 전체 집단의 학습 진행상황, '기준집단'은 학습이 완료되어야 하는 현재 기준 상태를 의미한다.

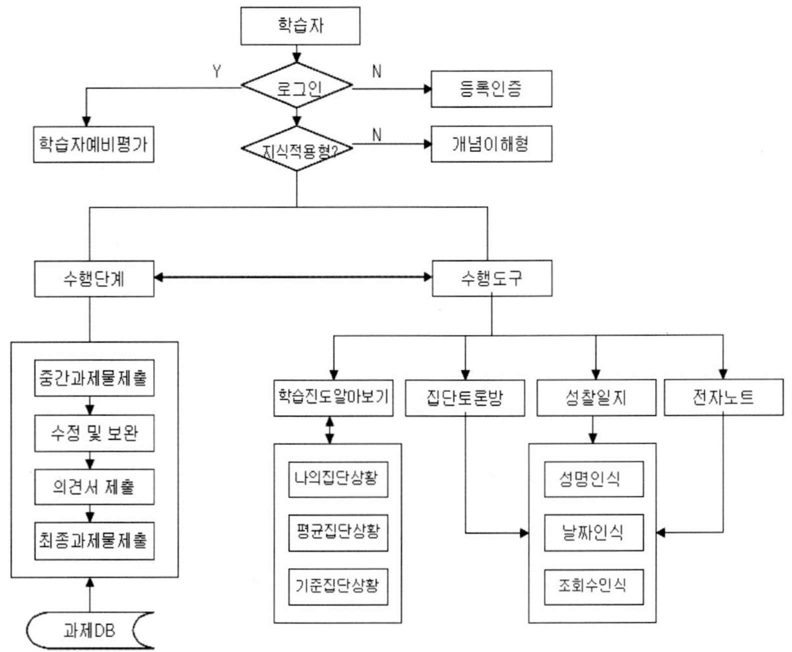

[그림 6-13] 수행과 수행도구 알고리즘

(6) 물리적 환경(수행 단계)

물리적 환경 메뉴는 학습을 수행하는 데 있어서 외부 학습 자원을 활용하기 위해 다양한 방법을 제안하는 상호 작용 공간이다. 이는 '과제 수행환경'과 '배경선택'의 두 가지 하위 요소를 갖도록 구성하였다([그림 6-13] 참조).

'과제 수행 환경' 기능은 과제물 작성 방법, 게시판 사용법, 태그 달기 방법, 기술적인 문제의 해결 방법 등을 학습자끼리 정보를 공유하여 해결하는 장소이다. '배경선택' 기능은 물리적인 문제들을 해결할 수 있는 사이트나 주소, 위치 등을 게시판을 사용하여 안내하는 공간이다. 이러한 상호 작용 활동은 과제 수행 도중 발생하는 다양한 문제들을 교수자 이외의 외부 자원을 사용하여 의사소통을 촉진하기 위한 전략이다.

(7) 사회적 환경(수행 단계)

물리적 환경 메뉴가 학습을 수행하는 동안 도출되는 다양한 기술적인 문제 해결에 초점을 둔다면, 사회적 환경 메뉴는 인적 자원을 공유하기 위한 의사소통 공간이다. 이는 '도와주세요'와 '수정 및 개선방'의 두 가지 하위 요소로 구성되었다([그림 6-14] 참조). '도와주세요' 기능은 제안, 찬성, 반박 및 논쟁의 담론 형식을 사용하여 학습 내용에 관한 질문이나 문제 해결을 동료나 교수자와 함께 해결하는 공간이다. '수정 및 개선방' 기능은 학습을 수행하는 도중 학습 방법이나 시스템 구성의 수정이나 개선을 위한 내용을 학습자가 제안하도록 지원하였다. 이러한 기능은 학습자의 편리성을 고려한 자기조절학습 지원 도구의 개선과 설계에 반영하기 위한 전략이다.

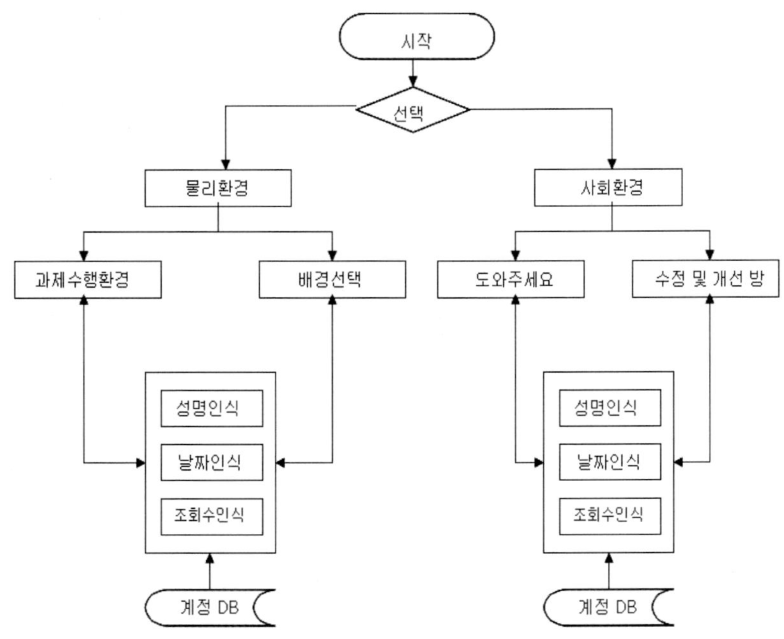

[그림 6-14] 물리적 환경과 사회적 환경 알고리즘

(8) 복습하기(사후 단계)

학습의 수행이 완료되면 이전에 학습한 내용이나 수행한 과제가 적절한 것인지를 검토하는 확인 단계가 필요하다. '전자노트' 메뉴가 수행 단계로서 개인별 기능을 지원하는 데 반해 '복습하기' 메뉴는 사후 단계로서 집단 내 지원 기능을 갖도록 설계하였다. 이는 집단끼리 학습 활동을 통해 습득한 지식이나 수행된 과제에 대한 성찰적 기능으로서 협력학습을 촉진할 것이다.

(9) 평가하기

평가하기는 선수학습을 점검하기 위한 사전 단계의 '선수학습 지식 검사'와 학습 도중 진단적 성격을 갖는 '퀴즈방' 기능이 있다. 학습 결과에 대한 사후 단계로서의 결과 평가는 '온라인평가'와 '수행평가' 기능이 있다([그림 6-15] 참조).

웹 기반 학습 활동에서는 결과 중심의 평가 방식으로 인한 수행과정 평가와 교수자 중심의 일방적 평가 환경이 제공되기 쉽다. 이를 보완하기 위해 지식적용형 학습에서는 다양한 측면의 수행과정에 대한 평가 도구 제공과 함께 '수행평가'를 통해 교수자 중심의 일방적인 평가를 배제한 학습자 중심 평가를 실행하였다. 또한, 학습자 자기평가 검사를 통해 학습자가 과제 해결에 대한 자기점검과 자기진단을 수행함으로써 학습 활동을 스스로 인지할 수 있도록 구성하였다. 한편, 개념이해형 학습에서는 학습의 위계적 구조를 따르는 설계로 인해 진단평가로서의 '선수학습 지식 검사'와 형성평가인 '퀴즈방', 결과평가인 '온라인 평가' 기능을 갖도록 설계하였다. 이는 과제의 특성상 서술형·비구조적 구조와 접근을 따르는 지식적용형 학습과는 분리된 평가방식이다. 개발된 웹 기반 자기조절학습 지원 도구에서 개념이해형 학습구조는 제시된 아홉 개의 강의 자료를 학습자가 순차적으로 학습해나가면서 '학습진 알아보기' 기능을 통해 자신의 현재 학습상태를 인지하고 학습자 퀴즈와 온라인 시험을 통해 자기평가 하도록 지원하였다. 반면, 지식적용형 학습구조는 개념이해형 학습과 같이 순차적으로 과제를 해결하는 방식이 아니라 학습자 스스로 학습일정과 계획을 설정한 후 다른 사람과의 협력활동을 통해 학습해 나가는 방식이다.

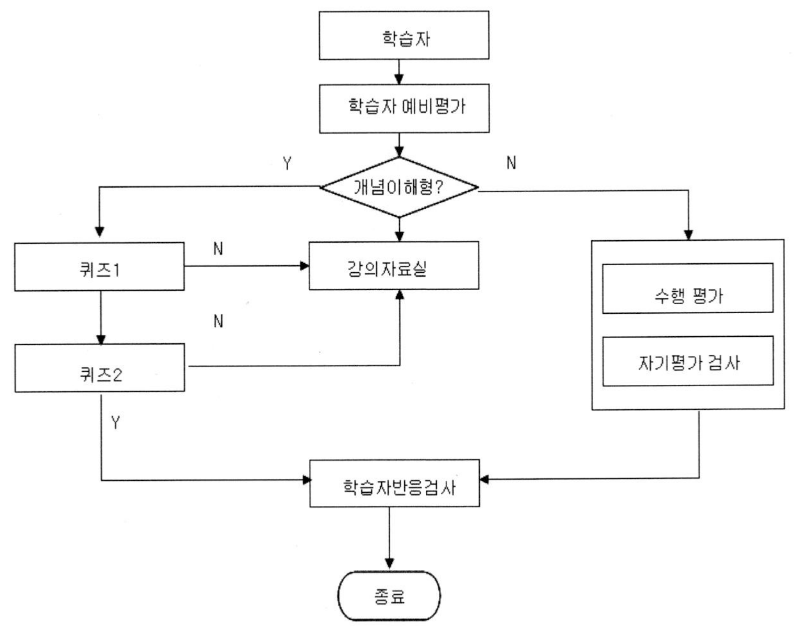

[그림 6-15] 과제평가 알고리즘

(10) 상호 작용 지원 기능

협력활동을 지원하기 위한 학습자 상호 작용은 집단 유형과 과제 유형에 따라 구분되어 제공될 필요가 있다. 집단 유형이 협력학습인 경우 '집단 토론방'과 '복습하기' 기능을 제공하여 학습자가 속해 있는 집단 내에서 학습자끼리 활발한 상호 작용을 촉진하도록 제공하였으며, 개인학습의 경우 '물리적 환경'과 '사회적 환경' 기능을 제공하였다. 또한 과제 유형이 지식적용형 학습인 경우 학습자 스스로 학습한 내용을 성찰하고 정리해 볼 수 있도록 '성찰일지'와 '전자노트' 기능을 제공하였다. 자기조절학습을 위한 집단별 상호 작용 지원 기능은 〈표 6-4〉와 같다.

<표 6-4> 집단별 상호 작용 지원 기능

자기조절 학습전략 요소	메뉴명	집단 분류			
		개인학습 개념이해형	협력학습 개념이해형	개인학습 지식적용형	협력학습 지식적용형
환 경	물리적 환경	○	○	○	○
환 경	사회적 환경	○	○	○	○
메타인지	성찰일지	×	×	○	○
행 동	전자노트	×	×	○	○
환 경	집단 토론방	×	○	×	○
행 동	복습하기	×	○	×	○

6) 검사지와 도구

(1) 수행평가 검사지

수행평가 검사지는 Clemmons와 그의 동료들(1993)이 제안한 포트폴리오 평가 도구를 자기조절학습 평가 환경에 적합하도록 재구성하여 지식적용형 학습자에게 적용하였다. 과제의 평가기준 항목은 과제선정, 과제 부합성, 과제 해결 활동, 과제의 인지 및 조정, 지식의 공유 및 생성 등 다섯 가지 영역으로 구분하였다. 검사지의 사전검사 결과 학습자 간의 일치도는 .98로 비교적 높게 나타났으며, 신뢰도는 95%이다. 평가 방법은 평가의 공정성과 객관성 확보를 위해 수행평가를 실시하였으며, 다섯 가지 항목의 배점은 상 20점, 중 10점, 하 0점으로 구분하였다. 따라서 수행평가 최대 점수는 100점이며, 최소 점수는 0점이다. 평가 항목은 <표 6-5>과 같이 다섯 가지 평가 항목과 하위 요소를 갖는다. 평가과정은 집단 내에서 학습자들끼리 충분히 의견을 나눈 후 자기 집단을 제외한 다른 집단을 평가하여 항목별로 점수를 검사지에 직접 기록하는 방식이다.

<표 6-5> 수행평가 검사지 구성

포트폴리오 기준 항목	평가 항목	평가 요소	집단별 점수(합계 100점)														
			A집단			B집단			C집단			D집단			E집단		
			20점	10점	00점	20점	10점	00점	20점	10점	00점	20점	10점	00점	20점	10점	00점
독창성	과제 선정	·창의적인 과제 선정 및 수행															
적절성	과제 부합성	·주제와의 일치성															
지속적 개선	과제 해결 활동	·상호 작용 및 협력학습 활동															
과제에 대한 이해	과제의 인지 및 조정	·학습 정도의 인지 및 조절															
과제 완성	지식의 공유 및 생성	·아이디어 제안 및 지식공유															

(2) 자기조절학습 과제 해결 분석 틀

자기조절학습 과제 해결 분석 틀은 Poole과 Holmes(1995)가 제안한 컴퓨터 기반 의사결정 모형을 토대로 리커드 5점 척도로 재구성하여 제작하였다. 웹 기반 학습 환경에서 메시지 분석은 Henri (1992)의 상호 작용 모형이 주로 사용되어 왔으나, 이 모형은 주로 교실 수업 환경을 기반으로 구성된 것이어서(최성희·전영국·정혜선, 2000), 웹 기반 학습 환경에서 자기조절학습 지원 도구를 사용하여 과제를 해결하기 위한 상호 작용 메시지 분석에는 한계가 있다. 따라서 웹 기반 학습 환경에서 학습자의 상호 작용 메시지 분석을 위한 기본 틀로 Poole과 Holmes(1995)가 제안한 컴퓨터 기반 의사결정 모형을 토대로 자기조절학습 과제 해결 과정 중에 표출되는 메시지를 분석하였다.

〈표 6-6〉 자기조절학습 과제 해결 분석 틀

메시지 분석 단계		자기조절 학습전략 요소	하위 요소
주 요소	하위 요소		
과제 정의	과제이해 및 인식	동 기	·선수학습 지식 검사
	학습목표 수립	메타인지	·계획(학습목표세우기, 학습 활동방법)
해결안 고안	자료수집 및 조사	동 기	·과제 수행 방법 선택(과제인식, 정보 찾기, 정보 분석, 과제 해결)
해결안 실행	해결안 통합, 수정	환 경	·물리적 환경(과제 수행환경, 배경선택) ·사회적 환경(도와주세요, 수정 및 개선 방)
	새로운 지식 생성	메타인지	·수행단계
해결안 평가	해결안 기준 마련	행 동	·시간관리(수행 기간, 과제 수행일정)
점검 및 협력	학습 내용에 대한 점검	행 동	·자료검토(복습하기, 전자노트) ·개인학습 평가(퀴즈 방, 온라인시험)
	과정에 대한 점검	메타인지	·학습여정(나의위치) ·감시(타 집단 계획보기, 타 집단 과제 수행 방법보기, 학습 진도 알아보기)
	구성원의 기여 정도		·협력학습 평가(수행평가)

한편, 과제 해결 과정에 대한 학습자 상호 작용 메시지의 질적 분석은 〈표 6-7〉에서 제시된 학습자 상호 작용 메시지 분석틀을 기초로 분석하였다. 이는 Hofer 등(1998)이 제시한 메타인지, 인지, 동기의 세 영역 가운데 메타인지 요소와 Zimmerman(2000)이 분류한 자기조절학습 영역 가운데 동기, 행동, 환경 요소를 본 연구의 목적에 맞게 재구성한 후 수정·보완하였다.

〈표 6-7〉 학습자 상호 작용 메시지의 질적 분석 틀

항 목	선행 연구	본 연구에서 적용한 요소
메타인지	Hofer, Yu와 Pintrich(1998)의 감시전략과 조절전략에 대한 연구	· '성찰일지' 기능을 사용한 상호 작용 효과
동 기	Zimmerman(2000)의 과제 주제 선택에 대한 연구	· '집단 토론방' 기능을 이용한 집단 내 의사소통 효과
행 동	Zimmerman(2000)의 과제 수행 절차의 선택에 대한 연구	· '전자노트' 기능을 사용한 수행 효과 · '복습하기' 기능을 이용한 학습정리 효과
환 경	Zimmerman(2000)의 과제 수행 및 도움 요청 환경에 대한 연구	· '물리적 환경' 기능을 이용한 물리적 문제 해결 효과 · '사회적 환경' 기능을 이용한 상호 작용 효과

(3) 자기평가 검사지

기존의 웹 기반 학습 환경에서 양적인 자기조절학습 측정을 위해 사용되어온 검사 도구는 SRLR(Self-Related Learning Rating scale; Corno, Collins, & Capper, 1982), MSLQ(Motivated Strategies for Learning Questionnaire; Pintrich, Smith, Garicia, McKeachie,

1991) 등이 있다. 이 가운데 MSLQ는 7개의 '동기' 요소와 10개의 '메타인지' 요소에 관한 평가 척도로 구성되어 있다.

과제 해결 과정에 대한 학습자 자기평가 검사는 Poole과 Holmes (1995)의 분석틀을 기초로 MSLQ를 본 연구의 목적에 맞게 재구성하였다. 과제 해결 과정에 대한 자기평가 항목은 과제 정의, 해결안 고안, 해결안 실행, 해결안 평가, 점검 및 협력으로 구분되었으며, 각 항목에 해당되는 검사지 문항 구성은 〈표 6-8〉과 같다. 참가자들은 최종 과제를 수행한 후 학습자 자기평가 검사를 수행하도록 지원하였다. 과제 해결 과정에 대한 자기평가는 집단 또는 개인이 과제 해결 과정에서 표출되는 다양한 변화에 관해 규명하기 위해 질문지법을 사용한 5단계 리커드 척도로 제작하였다. 자기평가 검사지는 사전검사를 실시하였으며, 사전검사 결과 학습자 간의 일치도는 .92로 비교적 높게 나타났으며 신뢰도는 95%이다.

〈표 6-8〉 과제 해결 과정에 대한 학습자 자기평가 검사

항 목	하위 요소
과제 정의	·과제 이해 및 인식 ·학습목표 계획 및 역할 분배
해결안 고안	·정보 수집 및 탐색 ·정보 분석 및 정리
해결안 실행	·해결안 통합 및 조절 ·수행도구의 사용 여부
해결안 평가	·해결안 점검표 기준 마련 ·학습 계획의 도달 여부 ·자기조절학습 인지 여부
점검 및 협력	·과제 수행에 관한 점검 ·과제 인식 정도의 점검 ·과제 진도에 대한 점검 ·학습을 위한 협력 정도

(4) 학습자 반응 검사지

학습자 반응 검사는 사용된 자기조절학습 지원 도구의 기능 및 구조에 관한 효과를 측정하기 위한 검사이다. 사용된 학습자 반응 검사지는 준비, 사전, 수행, 사후의 4단계 항목에 관한 5단계 리커드 척도로 구성하였으며, 학습자 반응 분석 틀은 Baylor와 Kitsantas(in press)의 자기조절학습 검사 도구인 CPSRT를 연구 목적에 맞게 수정하여 〈표 6-9〉와 같이 재구성하였다.

〈표 6-9〉 도구의 양적 분석을 위한 학습자 반응 분석 틀

항 목	하위 요소
준비 단계	·학습 안내 기능의 만족도 ·과제 수행 안내 기능의 적합성
사전 단계	·학습 계획 수립을 위한 기능의 유용성 ·단계별 수행을 위한 수행 방법의 선택
수행 단계	·수행 도구에 대한 유용성 ·수행 과정에 사용한 도구의 효과성
사후 단계	·사후 복습활동 지원에 대한 효과성 ·평가 도구의 공정성 및 타당성 ·도구의 유용성

한편, 학습자 반응의 질적 분석은 집단별로 2~3개 집단을 선정하여 면담을 실시하였다. 면담 내용 분석의 준거는 강명희·김세은(2002)이 제시한 자기조절학습 촉진전략 가운데 메타인지와 동기 요소를 추출하였으며, Zimmerman(2000)이 분류한 자기조절학습 영역 가운데 행동과 환경 요소를 추출한 후, 〈표 6-10〉과 같이 본 연구의 목적에 맞게 재구성하였다.

〈표 6-10〉 도구의 질적 분석을 위한 학습자 반응 분석 틀

항　목	선행 연구	본 연구에서 적용한 요소
메타인지	강명희·김세은(2002)의 계획 활동 및 감시에 대한 연구	· 자기 감시(학습진도 알아보기, 타 집단 수행보기)기능 · '학습 계획' 수립 기능에 관한 효과성
동　기	강명희·김세은(2002)의 시험 불안에 대한 연구	· 퀴즈 및 온라인 시험의 동기 촉진 정도 · 수행평가의 적절성
행　동	Zimmerman(2000)의 과제 수행 절차의 선택에 대한 연구	· 도구의 단계별 수행 및 체계성 · 과제 수행 일정 관리 및 시간 관리 · 자료검토(복습하기, 전자노트) 기능의 유용성
환　경	Zimmerman(2000)의 과제 수행 및 도움 요청 환경에 대한 연구	· 물리적 환경 지원의 효과성 · 사회적 환경 지원의 효과성

3. 자료 수집 및 처리

연구에서 설정된 가설을 검증하기 위해 웹 기반 학습 환경에서 자기조절학습 과제 유형에 따라 과제 해결 과정과 수행에서 표출되는 다양한 자료를 '검사지'와 '자기조절학습 과제 해결 분석틀'을 사용하여 다각도로 수집하였다.

웹 기반 학습 환경에서 자기조절학습 지원 도구를 사용하여 과제를 해결하기 위한 상호 작용 메시지 분석은 '자기조절학습 과제 해결 분석 틀'에 기초하여 표출되는 빈도를 측정하여 양적 자료로 변환하였다. 자기조절학습 지원 도구에 따른 과제 해결 과정 및 수행에 미치는 영향을 규명하기 위해 자료의 성질에 따라 분산분석, x^2검증, 그리고 t검증을 실시하였으며, 통계처리 도구로 SPSS 10.0을 사용하였다.

제7장 웹 기반 자기조절학습 지원 도구에 대한 결과 분석

연구의 목적은 웹 기반 학습 환경이라는 특수한 조건에서 학습자들이 과제를 해결해 나가는 과정과 수행에 있어서 개발된 자기조절학습 지원 도구가 어떠한 영향을 미치는지를 알아보는 데 있다. 따라서 연구 수행 결과 첫째, 웹 기반 학습 환경에서 개발된 자기조절학습 지원 도구가 과제 해결 과정 및 수행에 미치는 결과와 함께 둘째, 개발된 자기조절학습 지원 도구를 사용한 학습자들의 반응을 분석하여 도구의 유용성을 알아보았다.

1. 웹 기반 자기조절학습 지원 도구가 과제 해결 과정에 미치는 효과

1) 과제 해결 과정에서 상호 작용 메시지의 양적 분석 결과

웹 기반 학습 환경에서 학습자가 과제를 해결하는 과정에서 표출되는 학습자 상호 작용 메시지 빈도 분석은 네 집단에게 공통적으로 제공된 '물리적 환경'과 '사회적 환경'의 두 가지 기능에 대하여 분석하였다(〈표 7-1〉 참조).

〈표 7-1〉 자기조절학습 네 집단에 따른 메시지 빈도

집 단	빈 도
개인학습 개념이해형	228
개인학습 지식적용형	1154
협력학습 개념이해형	555
협력학습 지식적용형	1150
전 체	3087

  네 집단에 따른 메시지 빈도 분석 결과 개인학습−지식적용형 집단, 협력학습−지식적용형 집단, 협력학습−개념이해형 집단, 개인학습−개념이해형 집단 순으로 높게 나타났다. 과제 유형별로는 개념이해형 과제에 비해 지식적용형 과제를 수행하는 경우 메시지 빈도가 높게 나타났으며, 이는 지식적용형 과제의 경우 습득한 지식을 적용하여 새로운 지식을 생성해야 하기 때문에 개념이해형 집단에 비해 학습자 간 상호 작용이 활발하게 이루어진 것에 기인한 것으로 판단된다.

  한편, 네 집단에 따른 메시지 빈도 x^2 검증결과 x^2 값이 350.07 이고 $p < .05$ 이므로 네 집단은 메시지 빈도에 유의미한 차이가 있는 것으로 나타났다. 연구 결과 과제를 해결해 나가는 과정에 있어서 같은 과제 유형을 수행하는 집단은 집단 유형을 다르게 구성할지라도 메시지 빈도에는 영향을 미치지 않았다. 따라서 웹 기반 학습 환경에서 자기조절학습 지원 도구는 집단 유형보다는 어떠한 과제 유형을 수행하도록 설계할 것인가가 고려되어야 한다.

〈표 7-2〉 네 집단에 따른 메시지 빈도 χ^2검증 결과

	값	자유도	유의도
χ^2	350.07	3	.00
유효 사례 수	3087		

2) 과제 해결 과정에서 메시지 내용의 질적 분석 결과

웹 기반 학습 환경에서 자기조절학습 지원 도구가 과제 유형에 따라 과제 해결 과정에 유의미한 영향을 미칠 것으로 가정한 것은 협력학습 활동을 어떠한 방식으로 지원하는가에 따라 학습자 사고의 변화에 질적으로 영향을 미칠 수 있기 때문이다. 자기조절학습 환경에서 학습자가 어떤 과제 유형을 수행하는가에 따라 과제 해결 과정에서 표출되는 학습자의 사고와 행동에 차이가 나타날 수 있으며, 자기조절학습과정은 질적 변인이 내재되어 있기 때문에 계량화된 양적 자료만으로 과제 해결 과정에 미치는 효과를 규명하기에는 무리가 따를 수 있다.

따라서 협력학습 활동 과정에서 표출되는 다양한 메시지 내용을 분석함으로써 자기조절학습 과제 유형에 따른 학습자 사고와 행동의 질적 변화를 밝혀보고자 하였다. 이를 위해 협력학습이 지원되는 2개 집단(협력학습 - 개념이해형 집단, 협력학습 - 지식적용형 집단)을 선정하였다. 선정된 집단이 과제 유형에 따른 자기조절학습을 4주간 수행하면서 표출한 메시지 내용을 수집·분석하였다. 협력학습 집단 구성원이 과제를 스스로 해결하는 과정 속에서 자기조절학습 지원 도구가 어떠한 영향을 미치는지를 규명하는 데 있으므로 개인학습 집단에 대한 메시지 내용 분석은 별도로 실시하지 않았다.

자기조절학습에 있어서 성찰 활동은 학습자로 하여금 메타인지를 갖게 하는 중요한 요소 중 하나이다. Piaget(1975)에 의하면, 성찰적 사고는 학습자 자신의 학습 상태를 되짚어 보고 새로운 지식을 기존의 지식에 동화시키면서 인지구조를 평형상태로 조절한다. 따라서 Jonassen, Peck와 Willson(1999)의 지적대로 학습자의 성찰을 지원하는 인지적 도구는 기존의 토론방이나 게시판의 제한된 기능과 수준을 넘어서서 학습자가 끊임없이 반성과 탐구를 반복할 수 있는 학습 환경을 마련하도록 제공되어야 한다. 학습자들의 반응 내용을 중심으로 상호 작용 메시지에서 표출된 의미를 분석한 결과를 몇 가지로 제시하면 다음과 같다.

첫째, 학습자들은 성찰일지의 작성을 통해 자신의 학습과정을 반성하고 점검하며 나아가 새로운 학습창조의 공간으로 인식하고 있었다. 자기조절학습에 대해 지금까지 교수자가 의도한 방식대로 학습해오던 교수자 관점에서 탈피하여 학습자 스스로 담론 활동을 통해 느꼈던 개선점이나 제안점을 발견하는 등 과제 중심 학습에 대해 긍정적인 반응이었다. 아래에 제시된 학습자 반응을 살펴보면, 학습자들이 성찰일지를 통해 자신의 학습에 대한 확신을 갖게 함으로써 새로운 학습창조의 공간으로 인식하고 있음을 알 수 있다.

……내가 쓰고 있는 성찰일지는 **토론 과정에서 개선점, 제안점도 쓰고, 느낌도 쓰고 일기 쓰듯이** 쓰고 있다. 제일 열심히 들어가 본 곳이 성찰일지다. 너무 편한 곳이다.

······가끔은 글을 읽고 싶고 일기를 써보고 싶기도 하고 내 자신에게 무언가 확신을 불어넣고 싶은 맘이 들 때는 가장 먼저 클릭하는 곳이다.

······성찰일지는 일기를 쓰는 기분으로 쓰니 부담도 없고 과제물 작성 과정에서 느끼는 스트레스를 풀 수 있는 좋은 장소였다. 가끔은 불만과 투정이 많았지만 **자기조절학습으로 나를 잡아끄는 기능**이었다. 운영자의 세심함이 느껴졌다.

둘째, 학습자들은 웹 기반 자기조절학습방식을 통해 학습과정을 조절하고 나아가 다른 학습에 적용해 보려는 적극적인 학습 의지를 갖게 되었다. 자기조절학습에 있어서는 학습자가 얼마나 적극적인 의지를 갖고 학습 활동에 참여하느냐에 따라 학습의 성패를 결정짓는 중요한 요인이 될 수 있다. 아래에 제시된 학습자 반응을 살펴보면 학습자들은 웹 기반 자기조절학습방식이 상호 작용을 촉진하고 자신의 능력과 수준에 적합한 방식으로 인식하고 있었다.

······4주간의 시간이 흘러 어느덧 마무리 단계에 이르렀다. 돌이켜 생각하면 적극적인 참여의 부재와 사이버 학습에 대한 이해 부족으로 많은 시간이 헛되이 흐른 것도 사실이다. 하지만 **조원들 간의 상호 협력과 지식, 정보 공유로 말미암아 좋은 학습을 경험**하게 되었다.

······수업 계획서 짜는 것이 이리도 힘이 들 줄이야······학교에서 직접 수업하는 거랑은 너무도 다르다. **사전에 이렇게 준비하고 계획하여 학생들을 지도했어야 했는데······여태껏 수박 겉 핥기 식으로 학생들을 가르친 게 아닌가라는 생각이 웹 기반 자기조절학습 사이트를 통해서 마구 마구 든다.** 이번 좋은 기회로 교육의

질을 높여보도록 신경 좀 써야 하겠다.

　……나는 이런 **웹 기반 자기조절학습 과제 수행 방식이 우리가
밥상 차리는 방법에 대해 고민할 수 있게 했다고 생각한다. 자신
의 능력과 수준에 맞게 스스로를 조절하고 평가하는 것을 통해서**
스스로 문제를 해결하는 능력을 배우게 되었다. 이번 과제 수행을
통해 **이론으로만 들었던 교수체제 설계 모형을 직접 해볼 수 있
게 되어 좋았다. 이번 과제 수행 형식을 나중에 나의 수업에 적
극 도입해볼 생각이다.**
　……교육공학을 단순한 기기를 사용해서 수업하는 것으로만 생
각했는데, **모형에 맞추어 수업을 계획하고 활용한다는 사실에** 새
삼 나 자신의 교육공학에 대한 지식에 부끄러움을 느꼈다.

셋째, 자기조절학습을 수행하는 과정에서 학습자의 행동적 지원
요소는 학습자가 학습한 내용을 정리하고 복습하는 기회를 제공
하였다. Dewey(1993)의 지적대로 학습은 경험에 담긴 의미를 풍
부하게 하고 이후에 일어나는 활동을 이끌거나 통제할 수 있도록
경험을 재구성하는 과정이기 때문이다. 아래에 제시된 학습자 반
응을 살펴보면, 학습자들은 '전자노트' 기능을 사용하여 학습한 내
용을 정리하고 학습 도중에 필요한 자료를 편리하게 활용하고 있
음을 알 수 있다.

　……사이버에서 **강의를 듣거나 하는 것이 아니어서** 학습 내용
을 올리는 게 난해하기도 하였다. 그러나 **전자노트는** 한글이나 워
드를 사용하여 **정리할 것들……이런 사이트는 참조해야지……이런
것들, 즉 과제를 수행해 가면서 정리하는 것들은** 전자노트를 사
용해서 활용하는 것이 나았다.

……과제를 수행하기 위한 기본 자료들을 컴퓨터 바탕화면에 늘어놓고 하다가 전자노트를 사용해보니 **부분별로 정리한 것을 한눈에 볼 수 있어 생각보다 편리했다.** 그리고 이번에 **작성할 자료를 중심으로 모은 거라서 가져다 쓰기도 좋았다.** 다른 조원의 말처럼 수업시간의 활용에도 고려해 볼만하다.

넷째, 웹 기반 자기조절학습에서 환경 요소는 학습자가 학습을 수행하는 데 있어서 외부 학습 자원을 활용하기 위해 다양한 의견을 나누도록 설계된 공간이다. 이는 학습자들끼리 협력활동을 촉진함으로써 자기조절학습이 원활하게 수행되도록 지원하였다. 아래에 제시된 학습자 반응을 살펴보면 학습자들은 협력 과정을 통해 스스로 동기를 유지해 나가고 있음을 알 수 있다.

……인간의 협력이란 참 보기 좋다. 썰렁함의 본보기였던 우리 조 토론방이 하루하루가 다르게 바쁜 모습에 여념이 없다. **바쁜 모습을 통해 하나씩 이루어져가는 단계별 과제들**……이런 것을 협력의 즐거움이라고 해야겠지.

……나의 부족함을 채워주는 조원들의 노력과 그 산물인 개인별 과제들이 완벽하진 않지만 이런 모든 것들이 함께하는 즐거움일까? 여러 조원이 **협동하며 과제 해결하는 점이 과제 수행에 대한 새로운 방법의 시도**인 것 같아 좋았다.

……처음에는 힘들었지만 조원들의 자발적인 협동으로 **혼자 해결하는 과제보다는 여러 사람의 의견을 통합하여 훨씬 훌륭한 결과를 만들게 되었던 것 같다.** 물론 인터넷 사용의 제한점과 조원들 간의 자발성 면에서 약간의 문제가 있었지만……

> ……**여러 사람들의 의견들을 참고하여 어려움을 극복**해 나갈 수 있었고 힘들었지만 **희열도 있는 수업방식**이었다. **상호 작용하여 도와가며 수업할 수 있다는 것은** 새로운 경험이며, **재미와 흥미를 느끼는 수업**이었다. 협력해서 하나의 과제를 수행하는 것이 이렇게 재미있고 흥미롭다는 사실을 깨달았다. 물론 활발한 조원들의 참여가 필요하지만 과제 수행하면서 **내 의견을 담은 글을 다른 동료들이 보고 답 글을 달아주고** 몰랐던 것을 알아갈 수 있음에 즐거워 점점 이 과제 수행에 집중하고 빠져들 수 있었다.

다섯째, 학습자들은 협력을 통해 자기조절학습을 수행하는 과정에서 책임감과 리더십을 스스로 체험하고 있었다. Wang과 그의 동료들(1994)은 책임감이란 교사나 다른 사람의 지도에 따르기보다는 학습자가 자신의 학습을 조절하여 능동적으로 참여할 때 생성된다고 지적하였다. 아래에 제시된 학습자 반응에서 보는바와 같이 학습자들은 자기조절학습과정을 통해 학습을 위한 책임감과 리더십이 증진되고 있음을 인지하게 되었다. 책임감과 리더십은 협력활동을 통해서 증진될 수 있다. 웹 기반 자기조절학습 지원 도구에서는 조별 학습을 진행하기 위해 조장에게 일부 기능을 부여하여 집단별 학습 활동을 주도적으로 학습해 나가도록 지원하였다. 이는 자기조절학습 활동에서 책임감과 리더십을 증진하는 데 기여하는 기능임을 알 수 있었다.

> ……솔직히 나 혼자 하는 과제라면 아주 대충했거나 아예 하지 않았을 수도 있다. 하지만 **공동 작업의 특징이라고 해야 하나**…… **나름대로의 책임감이 느껴져서** 최선을 다한 것 같다. **온라인상으로 보는 것에 대한 참여도와 책임감은 큰 차이**가 있다.

……이 사이트의 관건은 참여도가 아닌가 싶다. 처음에는 정말 어떻게 과제를 해결해야 할지 난감하고 많이 귀찮았던 것도 사실이다. 하지만 이것도 하나의 경험이라고 생각하니 다르게 느껴지기 시작했다. **일을 나누고 다른 조원들과 역할을 분담하는 과정에서 짧고 미약하나마 리더십을 배웠다.** 어디서 이런 경험을 할 수 있을까……

웹 기반 자기조절학습에서 과제 해결의 질적 과정을 학습자 상호 작용 메시지를 중심으로 분석한 결과 자기조절학습 과제를 통해 수행 4주 전 과 후에 표출되는 학습자의 사고와 행동에 일련의 변화가 일어나고 있었다. 지금까지 기술한 과제 해결의 질적 과정에서 학습자 상호 작용 메시지를 분석한 결과를 종합하면 다음과 같다.

· 학습자들은 메타인지 요소를 갖는 성찰일지의 작성이 자신의 학습과정을 반성하고 점검하며 나아가 새로운 학습을 창조하는 데 도움을 주는 것으로 인식하고 있었다.

· 웹 기반 자기조절학습 방식은 학습과정을 조절하고 나아가 다른 학습에 적용해 보려는 적극적인 학습 의지를 갖는 데 유용한 것으로 나타났다.

· 자기조절학습을 수행하는 과정에서 학습자의 행동적 지원 요소는 학습자가 학습한 내용을 정리하고 복습하는 기회를 제공하였다. 특히, 학습자 스스로 지식을 구성해 나가는 지식적용형 학습의 경우 전자노트와 복습하기 기능은 유용한 것으로 나타났다. 그러나 개념이해형 학습의 경우에는 어떠한 효과가 있는지를 알아보는 후속 연구가 필요할 것이다.

· 학습자가 학습을 수행하는 데 있어서 웹 기반 자기조절 환경 요소는 학습자들이 협력 과정을 통해 스스로 동기를 유지해

나가도록 지원하는 유용한 기능으로 인식하고 있었다.

· 학습자들은 웹 기반 자기조절학습을 수행하는 과정에서 집단 토론방 기능을 통해 책임감과 리더십을 스스로 체험하고 있었다.

3) 과제 해결 과정에서 학습자의 자기평가 차이 검증 결과

자기조절학습 지원 도구가 과제 해결 과정에 미치는 효과 검증은 학습자의 상호 작용 메시지 분석 이외에도 학습자 스스로 과제 해결 과정에 대한 인식을 알아볼 필요가 있다. 이는 과제 해결 과정이 계량화되어 나타나거나 학습자 메시지 분석을 통해 표출될 수 없는 질적 속성들을 내포하고 있기 때문에 학습자가 과제 해결 도중 인식한 자기평가 검증을 통해 보다 구체적으로 분석될 수 있기 때문이다. 이를 위해 과제 해결 과정에 대한 학습자 자기평가 차이 검증을 통해 메시지 항목에 따른 집단 간 차이를 규명하였다. 〈표 7-3〉에 제시된 바와 같이, 과제 해결 과정에 대한 학습자 자기평가 점수의 평균은 '해결안 고안' 메시지 항목을 제외한 나머지 메시지 항목에서 개인학습—지식적용형 집단이 가장 높게 나타났다.

〈표 7-3〉 과제 해결 과정에 대한 학습자 자기평가 평균 및 표준편차

메시지 항목	집 단	사례 수	평 균	표준편차
과제 정의	개인학습 개념이해형	32	64.37	15.20
	개인학습 지식적용형	34	83.52	15.15
	협력학습 개념이해형	36	76.11	13.36
	협력학습 지식적용형	35	81.71	13.25
해결안 고안	개인학습 개념이해형	32	61.87	19.90
	개인학습 지식적용형	34	75.88	15.39
	협력학습 개념이해형	36	79.44	17.55
	협력학습 지식적용형	35	70.85	15.60
해결안 실행	개인학습 개념이해형	32	61.87	18.35
	개인학습 지식적용형	34	80.58	15.94
	협력학습 개념이해형	36	72.77	19.00
	협력학습 지식적용형	35	72.85	16.00
해결안 평가	개인학습 개념이해형	32	51.25	20.24
	개인학습 지식적용형	34	75.88	18.27
	협력학습 개념이해형	36	73.88	20.29
	협력학습 지식적용형	35	73.71	19.86
점검 및 협력	개인학습 개념이해형	32	60.00	16.06
	개인학습 지식적용형	34	76.47	17.38
	협력학습 개념이해형	36	75.55	17.31
	협력학습 지식적용형	35	75.42	17.54

〈표 7-4〉 과제 해결 과정에 대한 학습자 자기평가 일원분산 분석 결과

메시지 항목	분산원	자승화	자유도	평균자승화	F값	유의도
과제 정의	집단 간	7338.80	3	2446.26	9.37	.00
	집단 내	34716.66	133	261.02		
	전 체	42055.46	136			
해결안 고안	집단 간	5824.33	3	1941.44	6.59	.00
	집단 내	39174.20	133	294.54		
	전 체	44998.53	136			
해결안 실행	집단 간	5830.82	3	1943.60	5.05	.00
	집단 내	51112.24	133	384.30		
	전 체	56943.06	136			
해결안 평가	집단 간	13330.41	3	4443.47	9.55	.00
	집단 내	61846.22	133	465.00		
	전 체	75176.63	136			
점검 및 협력	집단 간	6152.20	3	2050.73	7.00	.00
	집단 내	38933.93	133	292.73		
	전 체	45086.13	136			

따라서 과제 해결 과정 메시지 항목별로 학습자의 자기평가 점수가 집단 간에 차이가 있는지 알아보기 위해 일원분산 분석을 실시하였다. 〈표 7-4〉에서 나타난 바와 같이 과제 해결 과정에 대한 학습자 자기평가 점수는 집단 간에 유의미한 차이가 있었다.

〈표 7-5〉 과제 해결 과정에 대한 학습자 자기평가 메시지 항목별 사후 검증 결과

메시지 항목	집 단	개인학습 개념이해형	개인학습 지식적용형	협력학습 개념이해형	협력학습 지식적용형
과제 정의	개인학습 개념이해형				
	개인학습 지식적용형	19.15(.00)			
	협력학습 개념이해형	11.73(.01)	-7.41(.22)		
	협력학습 지식적용형	17.33(.00)	-1.81(.96)	5.60(.46)	
해결안 고안	개인학습 개념이해형				
	개인학습 지식적용형	14.00(.00)			
	협력학습 개념이해형	17.56(.00)	3.56(.82)		
	협력학습 지식적용형	8.98(.14)	-5.02(.61)	-8.58(.15)	
해결안 실행	개인학습 개념이해형				
	개인학습 지식적용형	18.71(.00)			
	협력학습 개념이해형	10.90(.10)	-7.81(.34)		
	협력학습 지식적용형	10.98(.10)	-7.73(.35)	.07(1.00)	
해결안 평가	개인학습 개념이해형				
	개인학습 지식적용형	24.63(.00)			
	협력학습 개념이해형	22.63(.00)	-1.99(.98)		
	협력학습 지식적용형	22.46(.00)	-2.16(.97)	-.17(1.00)	
점검 및 협력	개인학습 개념이해형				
	개인학습 지식적용형	16.47(4.21)			
	협력학습 개념이해형	15.55(4.15)	-.91(4.09)		
	협력학습 지식적용형	15.42(4.18)	-1.04(4.11)	-.12(4.06)	

( )는 유의도를 의미함

또한, 통계적으로 유의미한 차이가 있는 것으로 나타난 다섯 가지 메시지 항목의 평균 점수 차이를 집단별로 알아보기 위해 Tukey의 사후 검증을 실시하였다. 사후 검증 결과 〈표 7-5〉에 제시된 바와 같이 과제 해결 과정에 대한 학습자 자기평가 메시지 항목별 사후 검증 결과는 다음과 같다.

첫째, '과제 정의' 메시지 항목에 있어서는 개인학습-개념이해형 집단을 제외한 다른 집단에서는 유의미한 차이가 나타나지 않았다. 이는 개인학습-개념이해형 집단은 다른 집단과 달리 '환경' 요소에 의한 상호 작용을 지원하도록 설계하였기 때문이다. 또한, 개인학습-개념이해형 집단의 경우 제시된 과제의 성격이 단순히 개념을 이해하도록 설계되었기 때문에 다른 과제 유형에 비해 학습자가 과제를 쉽게 인식한 것으로 보인다.

둘째, '해결안 고안' 메시지 항목에서는 개인학습-개념이해형 집단이 개인학습-지식적용형 집단과 협력학습-개념이해형 집단 간에만 유의미한 차이가 나타났다. 이는 개인학습-지식적용형 집단이나 협력학습-개념이해형 집단의 학습자는 과제 해결을 위한 정보를 수집하고 분석하기 위해 학습자끼리 협력적 활동이 필요한 반면, 개인학습-개념이해형 집단의 학습자는 혼자서 주어진 과제를 수행해 가면서 개념을 이해하는 학습 방식이기 때문에 정보의 수집이나 분석의 필요성을 느끼지 못한 것으로 판단된다.

셋째, '해결안 실행' 메시지 항목에서는 개인학습-개념이해형 집단과 개인학습-지식적용형 집단 간에만 유의미한 차이가 있었다. 이는 개인학습-지식적용형 집단의 경우 개인별로 과제를 실행하기 위해 다양한 메타인지 요소가 필요한 반면, 개인학습-개념이해형 집단은 메타인지 요소나 해결안 통합과 같은 해결안 실행 메시지 항목의 필요성을 느끼지 못한 것으로 판단된다.

넷째, '해결안 평가' 메시지 항목에서 개인학습 - 개념이해형 집단은 다른 집단과 모두 유의미한 차이가 있는 것으로 나타났다. 반면, 다른 집단 간에는 유의미한 차이가 나타나지 않았다. 이는 개인학습 - 개념이해형 학습을 수행하는 학습자는 다른 집단과 달리 퀴즈나 온라인 시험에 의한 평가 방식이기 때문에 평가에 관련한 점검표 기준이나 학습 계획의 도달 여부에 대한 측정의 필요성을 인식하지 못한 것으로 보인다.

다섯째, '점검 및 협력' 메시지 항목에서는 모든 집단 간에 유의미한 차이가 전혀 나타나지 않았다. 이는 웹 기반 자기조절학습에서 모든 집단에게 과제 수행이나 과제 인식 및 진도에 대한 기능과 학습을 위한 협력 기능을 제공했기 때문이다.

지금까지 살펴본 과제 해결 과정에 대한 학습자 자기평가 검사를 분석한 결과를 종합하면 다음과 같다.

· 과제 해결 과정에 있어서 개인학습 - 개념이해형 집단의 학습자들은 다른 집단에 비해 '점검 및 협력' 메시지 항목을 제외한 나머지 메시지 항목에서 유의미한 차이를 나타내고 있었다. 이는 웹 기반 자기조절학습 지원 도구에서 개인학습 - 개념이해형 집단의 학습 방식이 다른 집단에 비해 간단히 수행하도록 설계되었기 때문에 기인한 것으로 보인다.
· '점검 및 협력' 메시지 항목은 모든 집단 간에 유의미한 차이가 없는 것으로 나타났다. 이는 웹 기반 자기조절학습 지원

도구가 과제 수행이나 인식을 위한 점검 기능과 과제 진도 및 협력 기능을 모든 집단에게 제공했기 때문에 나타난 것으로 분석된다.

따라서 웹 기반 학습 환경에서 자기조절학습 지원 도구의 설계 방식은 과제 해결 과정에 대한 학습자 자기평가 검사에 영향을 미치고 있음을 시사한다.

2. 웹 기반 자기조절학습 지원 도구가 과제 해결 수행에 미치는 효과

자기조절학습 집단은 집단 유형과 과제 유형으로 구분하였다. 집단 유형은 개인학습 집단과 협력학습 집단을 의미하며, 과제 유형은 개념이해형 집단과 지식적용형 집단을 의미한다.

〈표 7-6〉 과제 해결 수행의 평균 점수 및 표준편차

구분		과제 유형	
		개념 이해형	지식 적용형
집단 유형	개인학습	62.00(18.13)	86.50(17.58)
	협력학습	70.27(21.19)	55.00(20.89)

개념이해형 과제와 지식적용형 과제가 집단 유형에 미치는 영향을 규명하기 위해 t검증을 실시하였다. 검증 결과 개념이해형 과제의 경우 〈표 7-6〉과 같이 협력학습 집단이 개인학습 집단에

비해 평균 점수는 높지만 〈표 7-7〉에서 집단 유형 간에 유의미한 차이가 나타나지 않았다(t=-1.60, p=.11). 이는 개념이해형 과제의 경우 주어진 과제를 순차적으로 해결하도록 설계되었기 때문에 집단 유형에 따라 영향을 미치지 않는 것으로 판단된다.

〈표 7-7〉 개념이해형 과제에 대한 검증 결과

집 단	사례 수	평 균	표준편차	t
개인학습 – 개념이해형	32	62.00	18.13	-1.60
협력학습 – 개념이해형	36	70.27	21.19	

한편, 지식적용형 과제를 수행한 경우에는 〈표 7-6〉과 같이 개인학습 집단이 협력학습 집단에 비해 평균 점수가 높게 나타났으며, t검증 결과 〈표 7-8〉에서 집단 유형 간에 유의미한 차이가 있었다(t=7.11, p=.00). 그러한 이유는 지식적용형 과제를 수행하기 위한 설계 방식이 학습자 스스로 습득한 지식을 적용하도록 설계되었기 때문에 협력학습보다는 개인학습의 과제 수행 결과에 좀 더 나은 영향을 미친것으로 판단된다.

〈표 7-8〉 지식적용형 과제에 대한 검증 결과

집 단	사례 수	평 균	표준편차	t
개인학습 – 지식적용형	34	86.50	17.58	7.11
협력학습 – 지식적용형	35	55.00	20.89	

3. 웹 기반 자기조절학습 지원 도구의 학습자 반응 분석 결과

웹 기반 학습 환경에서 자기조절학습이 과제 해결 과정 및 수행에 긍정적인 영향을 미칠 것이라는 가정 하에 자기조절학습 지원 도구를 위한 설계 원리를 구체적으로 제안하였다.

지금까지 살펴본 자기조절학습이 과제 해결 과정 및 수행에 미치는 효과 이외에, 본 연구를 위해 개발하여 사용된 웹 기반 자기조절학습 지원 도구에 대한 학습자의 반응을 살펴보는 것도 후속 연구의 도움에 의의가 있을 것이다. 이를 위해 자기조절학습 지원 도구의 효과에 대한 학습자 반응은 과제 해결 수행 도중에 표출된 학습자 상호 작용 메시지, 비구조적 심층 면담 및 설문지 등을 통해 수집된 자료를 토대로 분석하였다.

본 장에서는 개발된 웹 기반 자기조절학습 지원 도구에 대해 학습자가 인지하는 효과성을 분석한 후, 도구의 단계별 수행에 대한 학습자 반응과 함께 도구의 기능에 대한 학습자 반응을 살펴보았다.

1) 웹 기반 자기조절학습 지원 도구의 효과 분석

웹 기반 자기조절학습 지원 도구에 대한 학습자 반응을 알아보기 위한 설문 항목은 〈표 7-9〉와 같이 준비단계, 사전단계, 수행단계, 사후단계로 구분한 후 22개 항목에 관해 5단계 리커드 척도로 구성하였으며, 학습자 반응 결과는 설문 항목에 제시된 5단계 리커드 척도 가운데 '매우 그렇다'거나 '그렇다'라고 응답한 횟수를 백분율로 나타낸 것이다.

<표 7-9> 웹 기반 자기조절학습 지원 도구에 대한
학습자 반응 결과(%)

단계	항 목	개인학습 개념이해	개인학습 지식적용	협력학습 개념이해	협력학습 지식적용	항목평균
준비	'과제 수행 안내' 기능	81.03	74.20	72.20	82.90	77.58
사전	'학습목표 세우기' 기능	78.02	88.60	55.50	82.90	76.25
	'학습 활동 방법' 기능	78.02	88.60	55.50	77.20	74.83
	'단계별 활동' 기능	68.80	88.60	66.70	77.10	75.30
	'성찰일지' 기능	65.70	77.10	13.90	48.50	51.30
	'집단 토론방' 기능	12.50	28.60	69.50	82.90	48.38
	'전자노트' 기능	18.80	40.00	13.90	42.90	28.90
	'학습진도 알아보기' 기능	75.00	91.40	83.30	82.90	83.15
	상호 작용 지원 설계	68.80	80.00	72.20	71.40	73.10
	아이디어 공유 위한 도구 사용	62.50	74.30	58.30	94.30	72.35
	'중간 과제물 작성' 기능	62.60	80.00	44.50	65.70	63.20
수행	'수정 및 보완' 기능	65.60	65.80	86.10	34.30	62.95
	'의견서 제출' 기능	68.80	51.40	47.30	54.30	55.45
	'최종 과제물 작성' 기능	62.50	68.50	44.40	77.10	63.13
	'과제 수행 환경' 기능	84.40	91.40	50.00	71.40	74.30
	'배경 선택' 기능	75.00	71.40	41.60	14.30	50.58
	'도와주세요' 기능	65.70	91.50	47.20	71.40	68.95
	'수정 및 개선방' 기능	71.90	85.70	50.00	65.70	68.33
	'강의 자료실' 기능	68.80	71.50	58.30	71.40	67.50
	'복습하기' 기능	81.20	34.30	63.80	57.20	59.13
사후	'평가관련' 기능	75.00	34.30	69.40	91.50	67.55
	수행 과제물의 유용성	75.10	80.00	50.00	74.20	69.83
	집단 평균	66.63	70.78	55.16	67.80	65.09

2) 지원 도구의 단계별 수행에 대한 학습자 반응 분석 결과

웹 기반 자기조절학습 지원 도구의 단계별 수행에 대한 학습자 반응 분석 결과는 양적 분석을 위한 학습자 반응 분석 틀을 기초로 다음과 같이 네 단계로 분석하였다.

(1) 준비 단계

준비 단계는 학습을 수행하기 이전에 과제 수행 일정, 학습 내용, 학습 활동 방법, 평가 기준 등에 관하여 학습자에게 안내하는 기능을 갖는다. 준비 단계에 대한 학습자 반응을 알아 본 결과, 개인학습-개념이해형 집단과 협력학습-지식적용형 집단이 개인학습-지식적용형 집단과 협력학습-개념이해형 집단에 비해 긍정적인 반응으로 나타났다(개인학습-개념이해형: 81.03%, 협력학습-지식적용형: 82.90%). 따라서 준비 단계에서 자기조절학습을 지원하는 도구는 과제 유형에 따라 어떤 집단 유형을 적용하여 효과적인 과제 해결 과정 및 수행으로 유도할 것인지가 중요하다고 보인다.

(2) 사전 단계

사전 단계는 학습자가 학습 계획을 수립하고 단계별 수행을 위한 학습 활동 방법을 구성하는 기능이다. 네 집단 가운데 '학습목표 세우기' 기능은 개념이해형 학습에 비해 지식적용형 학습을 수행하는 집단이 긍정적인 반응을 나타냈다(개인학습-지식적용형: 88.60%, 협력학습-지식적용형: 82.90%). 반면, '학습 활동 방법'

에 대한 기능은 협력학습에 비해 개인학습을 수행한 경우에 높은 반응을 나타냈다(개인학습-개념이해형: 78.02%, 개인학습-지식 적용형: 88.60%). 아래 기술된 학습자 반응에서 알 수 있듯이 지식적용형 학습자의 경우, '계획' 기능은 최종 과제물을 완성하기까지 학습의 전 과정을 살펴보면서 학습함으로써 깊이 있고 창의적인 학습을 수행하는 데 도움이 되었다.

이전의 과제물들은 어떤 특정한 체계가 없어서 계획을 세우는 데 많은 시간을 투자했었는데, **웹 기반 자기조절학습 방법을 사용하면서 시간적 기회비용을 줄일 수 있어 좋았다.** 스스로 학습계획을 짜고 실행하면서 자발적인 학습에 대한 노력이 이루어졌다는 점에서 유익하였다…….

이미 짜여진 틀을 따라 순차적으로 이동하면서 **계획에 맞게 조금씩 그러나 깊이 있게 사고하며 학습할 수 있는 동기를 불러일으키는 데에 도움**이 되었다……. 과제 해결 학습이 가능하였으며, **스스로 계획할 수 있어서 창조적인 학습이 되었다.**

위의 메시지에서도 알 수 있듯이, 사전단계는 학습자들이 전통적인 교실학습과는 달리 학습자 스스로 과제를 해결하기 위한 학습목표를 수립하고 학습 활동 방법을 설정하도록 유도함으로써 시간적 낭비를 줄이고 학습 동기를 촉진하는 데 긍정적인 기능으로 평가하고 있었다. 한편, 사전 단계 항목 가운데 '학습목표 세우기' 기능은 세 항목 중 가장 높은 긍정적인 반응으로 나타났다(76.25%). 이는 개발된 웹 기반 자기조절학습 지원 도구가 학습목표를 세우는 데 유효한 도구로 학습자들이 인식하고 있음을 의미한다.

(3) 수행 단계

수행 단계는 학습자가 이미 제공된 수행도구를 사용하여 자기조절학습을 직접 수행하는 과정이다. 개념이해형 과제를 수행하는 학습자의 경우 순차적으로 차시별 학습 내용을 학습하는 반면, 지식적용형 과제를 수행하는 학습자는 중간 과제물 작성 및 수정 보완 기능을 통해 최종 과제물이 산출되도록 구성되었다. 수행 단계 기능 가운데 '학습진도 알아보기' 기능이 가장 높은 긍정적인 반응을 나타낸 반면(83.15%), '전자노트' 기능은 가장 낮은 반응을 나타냈다(28.90%). 이는 개념이해형 학습의 경우 '전자노트' 기능이 제대로 제공되지 않아 사용하지 못했으나, '학습진도 알아보기' 기능은 협력학습을 수행하는 경우 매우 효과적으로 사용되었음을 의미한다.

개인학습으로 선수학습 지식 검사를 하고나서, 학습진도 알기를 통해 **자기 자신의 위치 파악과 반성을 할 수 있었다.** 개인의 자율성에 학습을 맡긴 것이 좋았고, **학습진도의 진행 상황을 그래프로 볼 수 있는 것이** 특히 좋았다. 다른 학습 집단과 비교할 수 있는 점과 단계적 설계를 통한 방식이 좋았다.

다른 집단의 **진도를 확인하는 것은 자기조절학습에 매우 도움**이 되었던 것 같다. 전체적인 진행 사항은 시간이 맞질 않아서 맞추지 못했지만 **타 집단의 진행 사항에 맞추어 어느 정도까지 진행하여야 하는지 조절할 수 있는 하나의 기준**이 되었다.

집단별이나 개인별 **진도가 표시되었다는 점이 가장 도움**이 되었던 것 같다. 동료들은 어느 정도 학습하고 있는지 알 수 있었기 때문에 **동기유발의 기회**가 되었으니까……**다른 조의 진도나 평균**

진도를 우리 조의 진도와 비교해서 대처할 수 있었던 것이 도움
이 많이 된 것 같다.

위의 학습자 반응에서도 알 수 있듯이, 학습자들은 '학습진도 알
아보기' 기능을 통해 자신의 위치를 파악할 수 있었고 다른 집단
의 진행 사항에 맞추어 어느 정도까지 학습을 진행하여야 하는지
자기 스스로 조절할 수 있는 하나의 기준이 되고 있음을 체험하
고 있었다.

(4) 사후 단계

사후 단계는 학습 활동이 종료된 후 복습활동에 대한 지원과
평가를 통해 학습자 자신을 점검하는 단계이다. '복습하기' 기능은
네 집단 가운데 개인학습-개념이해형 집단이 가장 높은 긍정적
반응을 나타냈으며(81.20%), '평가관련' 기능은 협력학습-지식적
용형 집단이 긍정적인 반응으로 나타났다(91.50%). 이러한 결과는
'복습하기' 기능의 경우 개념이해형 과제를 협력학습으로 수행한
경우는 63.80%로 나타났으나, 개인학습으로 수행한 경우는
81.20%가 긍정적인 반응을 나타냈다. 이는 웹 기반 자기조절학습
지원 도구에서 학습을 수행한 후 학습 관련 내용을 회상하거나
의견을 교환하기 위한 '복습하기' 기능이 학습자 개인별로 제공하
는 것이 바람직하다는 것을 의미한다.

3) 웹 기반 자기조절학습 지원 도구의 기능에 대한 학습자 반응 분석 결과

웹 기반 자기조절학습 지원 도구의 기능에 대한 학습자 반응 분석 결과는 질적 분석을 위한 학습자 반응 분석 틀을 기초로 다음과 같이 네 가지 요소로 분석하였다.

(1) 메타인지 요소

메타인지 요소는 학습자가 스스로 학습목표를 설정하고 자신의 학습 활동을 감시하도록 제공되었다. 개발된 웹 기반 자기조절학습 지원 도구에서는 '학습진도 알기' 기능과 '타 집단 수행보기' 기능을 사용하여 학습 활동을 자기 감시하도록 구성하였다. 15개 항목의 메타인지 요소 가운데 '학습진도 알아보기' 기능은 학습자들이 가장 높은 긍정적 반응을 보였으며(83.15%), 개인학습에 비해 협력학습을 수행한 집단이 보다 긍정적인 것으로 나타났다(협력학습-개념이해형: 83.30%, 협력학습-지식적용형: 82.90%). 이는 자기조절학습에 있어서 학습자들끼리 습득한 지식을 공유하고 협력해 나가기 위한 협력학습을 위해서는 다른 집단의 학습 상황을 인지할 수 있는 '학습진도 알아보기' 기능의 제공이 효과적임을 의미한다. 또한, '타 집단 계획보기'와 '타 집단 과제 수행 방법보기' 기능은 다른 집단의 학습 활동을 인식하여 비교함으로써 학습자 스스로 학습 진행 속도를 조절하고 과제 해결의 질적 향상에 도움을 주는 것으로 나타났다.

주위 동료의 학습진도 사항을 비교하여, 현재 본인의 진도가 동료에 비하여 얼마나 **계획대로 잘 진행되고 있는지 체크하는 데 도움**이 되었다……. **자신의 위치를 파악할 수 있으므로 적절한 조절이 가능했으며,** 보통의 경우 과제물은 집단 간의 비교가 불가능한데 비교를 통한 활동이 신선하고 좋았다.

집단 내의 학습 활동을 하는 데 있어서 나와 다른 사람들 간의 학습 수행정도 등을 수시로 확인하고, **그로 인해 서로 조절해가며 적절하게 시기를 맞추어서 과제를 수행해 나갔기 때문에** 조원들에게 피해를 주는 일 없이, 무리 없이 과제를 수행할 수 있었던 것 같다…….
다른 사람의 학습 활동을 통해 나의 학습 진행속도를 알 수 있고, **자극도 되어서, 학습속도를 조절할 수 있었던 것이 도움**이 되었다……. 집단별로 학습 활동의 상황이나 정도를 비교할 수 있는 부분과 **다른 집단과 지식을 함께 공유하며 새로운 아이디어의 제안에 도움이 되었던 것 같다**…….

서로 간의 경쟁을 추구함으로써 과제의 질적 향상에 도움을 주었다. 집단 내 역할분담을 통해 빠른 시간에 과제 수행을 할 수 있었으며, 서로 간의 협동적인 모습을 갖게 해주기도 하였다……. 집단 내, 외 사람들이 어느 정도의 **학습 진도를 보이는지 보면서 학습하기에 공부를 늦출 수가 없어서 학습에 전념하게 된 것 같다.**

내가 가장 유익하다고 생각되는 부분이다. 극단적으로 보면 다른 집단 것을 보고 따라하거나 모방하게 되는 경우도 있지만, 어떻게 해야 할지 **방향을 잡지 못하고 있을 때 다른 집단의 활동을 보면서** 많이 배울 수 있었다.

따라서 개발된 웹 기반 자기조절학습 지원 도구에서는 개인의 학습 위치뿐만 아니라 집단 내에서 자신의 위치를 확인하고 지원하는 기능을 통해 타 집단의 학습 수행을 관찰할 수 있었다. 이는 다른 집단과 지식을 공유할 수 있고 자신의 창의적인 학습에 도움을 줄 수 있는 유용한 기능임을 의미한다.

(2) 동기 요소

동기는 학습자의 능동적인 참여를 유도하는 전략이다. 이를 위해 학습목표가 설정되고 설정된 목표 도달 여부는 평가를 통해서 알 수 있다. 개발된 웹 기반 자기조절학습 지원 도구에서 개념이해형 학습자는 퀴즈나 온라인 시험 평가를 수행하였으며, 지식적용형 학습자는 수행평가를 통해 동기 촉진 정도를 측정할 수 있었다. 설문지 항목 가운데 '평가 관련' 기능은 협력학습 – 지식적용형 집단이 가장 높게 긍정적인 반응을 보인반면(91.50%), 개인학습 – 지식적용형 집단은 가장 낮은 반응을 나타냈다(34.30%). 이는 지식적용형 학습을 혼자서 수행해 나가는 개인학습 – 지식적용형 집단이 수행평가를 다른 학습자와 협력적으로 수행하지 못했기 때문에 기인한 것으로 판단된다. 메시지 분석에서 알 수 있듯이 '퀴즈'와 '온라인 시험' 기능은 학업 성취도를 점검함으로써 학습자의 학습 동기유발에 도움이 되었으며, 평가 결과는 학습자에게 자기조절학습 기회를 제공하였음을 알 수 있었다.

> 온라인을 통해 학습한다는 것이 새로웠고 **마지막 온라인 시험은** 앞의 내용을 다시 한번 찾는 것을 통해 학습을 한번 더 하게 되어 **머리에 남는 문제들이 많았다.** 또한 퀴즈에서 아리송한 문제가 온라인 시험에도 나와 **다시 한번 책을 찾아보는 기회가 되어 좋았다.**

　　퀴즈와 온라인 시험을 풀기 위해 강의내용을 다시 한번 훑어보게 되었으며, 스스로 자신이 하는 만큼 결과가 나오기 때문에 **자기조절학습**을 하게끔 되었다고 생각한다.

　　퀴즈나 시험은 풀어나가는 데 있어 강의 노트보다는 책을 더 많이 보아야 했구……. 수업시간에 배운 내용을 간단히 복습해 볼 수 있는 기회를 주는 차원에서 **조금 더 풍부한 내용**이었으면 한다…….

자기조절학습 지원 기능 가운데 평가기능은 학업 성취도를 점검하는 기능을 갖는다. 개발된 웹 기반 자기조절학습 지원 도구에서는 퀴즈나 온라인 시험의 평가 기능이 단순한 학업 결과만을 평가하는 것이 아니라, 학습한 내용을 복습하고 정리하며 점검하는 기능을 포함하고 있었다. 그러나 위에 제시된 학습자 반응에서도 언급되고 있듯이, 평가를 지원하기 위해서는 사전에 학습 내용을 복습할 수 있는 기회가 제공될 필요가 있었다.

(3) 행동 요소

행동은 학습자가 외현적인 행동을 자기관찰 하거나 정해진 일정에 따라 시간관리 하면서 스스로 학습을 통제하는 것을 뜻한다. 웹 기반 자기조절학습 지원 도구는 단계적이며, 체계적인 방식으로 제공되었다. 메시지 분석 결과 학습자들은 웹 기반 자기조절학습 지원 도구가 학습의 집중도를 높이고, 사이버 학습에 익숙하지 않은 학습자들이 주도적으로 자기조절학습을 수행하는데 유익한 학습방법으로 평가하고 있었다. 이러한 '단계별 활동' 기능은 개념

이해형 과제보다는 지식적용형 과제를 수행할 때 긍정적인 반응
으로 나타났다(개인학습 - 지식적용형: 88.60%, 협력학습 - 지식적
용형: 77.10%).

> 단계적인 학습이면서, **원하는 학습을 집중적으로 반복할 수 있
> 는 학습 형태**가 자기조절학습에 도움이 되었다……. **체계적인 학
> 습을 할 수 있었**으며, 또한 웹 기반이라 학습 도중 모르는 부분은
> 인터넷 검색을 통하여 보충할 수 있었다.

> 너무 만족스럽고 기회가 된다면 다른 주제로도 학습을 해 보고
> 싶다……. 무엇보다 이런 형식의 학습은 처음 경험하는 것이었고,
> **날짜와 진도에 맞추어 차근차근 풀어 나갈 수 있었다는 것**이 놀
> 라웠다.

그러나 일부 학습자들은 자료 검토를 위한 '전자노트'와 '복습하
기' 기능이 명확하게 구분되어 제공되었음에도 불구하고 두 기능
의 개념을 혼동하여 사용하였다.

> 전자노트는 활용성이 떨어졌다고 생각한다. 의도는 좋았으나 내
> 생각으론 개인적으로 복습하는 공간이라고는 하지만, 오히려 전자
> 노트보다 성찰일지에다가 **오늘 어떤 것을 배웠다는 것을 쓰는 것
> 이 중복되지 않나** 싶었다.

> **복습하기와 전자노트의 구분이 분명하지 않았던 것** 같은데……
> 그중에서 전자노트랑 성찰일지는 개인별로 학습 내용을 정리하거
> 나 회상하는 기능이기 때문에 유용하게 사용했는데, 복습하기는
> 집단토론방과 같이 집단별로 사용하게 되어 있지만 거의 모든 의

견이 집단 토론방에서 이루어져 복습하기에서 적절한 활동이 이루어지지 않은 것 같다.

전자노트, 성찰일지, 복습하기 등과 같이 세부화되어 있는 경우 중복되는 부분을 통합하는 것도 좋을 것 같다. 집단토론방으로 성찰 일지를 이동하는 것도 좋을 것 같고, 개인학습의 경우 개인학습끼리 한 단원 안에 포함해 표시하고, 복습하기 성찰일지 등 조별 활동의 경우는 같은 메뉴 아래 표시하면 더욱 좋지 않을까 생각해 본다.

일부 학습자들이 '전자노트'와 '복습하기' 기능을 혼동한 이유는 두 기능에 대해 사용 목적이 제대로 인지되지 않았기 때문인 것으로 판단된다. '전자노트'는 학습 수행 단계에서 학습자가 개인별로 학습 내용을 정리하는 기능이며, '복습하기'는 사후 단계로서 학습을 수행한 후 학습 관련 내용을 회상하거나 의견을 교환하여 학습한 내용을 검토하는 기능을 갖는다.

(4) 환경 요소

개발된 웹 기반 자기조절학습 지원 도구에서 환경은 물리적 환경과 사회적 환경을 뜻한다. 물리적 환경은 '과제 수행 환경'과 '배경 선택' 기능으로 구분되어 제공되었다. 과제물 작성 방법, 게시판 사용법, 태그 달기 방법, 기술적인 문제 등을 해결하기 위한 '과제 수행 환경' 기능은 개인학습 - 지식적용형 집단에서 긍정적인 반응을 나타낸 반면(91.40%), 물리적인 문제들을 해결할 수 있는 사이트나 주소, 위치 등을 서로 안내하는 '배경 선택' 기능은 개인학습 - 개념이해형 집단에서 긍정적인 반응을 나타냈다(75.00%).

따라서 웹 기반 자기조절학습 지원 도구에서 물리적인 환경을 지원하는 기능은 학습자들이 과제 해결 도중 발생하는 다양한 문제점들을 해결하도록 지원하는 개인학습에 효과적인 것임을 알 수 있었다. 또한, 사회적 환경은 '도와주세요' 기능과 '수정 및 개선방' 기능으로 구분되어 제공되었다. '도와주세요' 기능은 학습 내용에 관한 질문이나 문제 해결을 학습자끼리 또는 학습자와 교수자끼리 해결하는 곳이며, '수정 및 개선 방' 기능은 학습 방법이나 시스템 구성의 수정이나 개선을 서로 제안하도록 지원하는 기능이었다. 학습자 메시지 분석 결과 '도와주세요'와 '수정 및 개선방' 기능은 개인학습-지식적용형 집단에서 모두 높은 긍정적인 반응으로 나타났다(91.50%, 85.70%). 이는 웹 기반 자기조절학습 지원 도구에서 지식적용형 과제를 해결해 나가기 위해 사용하는 인지적 도구는 협력학습보다는 개인학습을 수행할 때 효과적인 것으로 느끼고 있는 것으로 판단된다.

> 학습 환경의 '도와주세요' 기능을 통해 **학습수행 도중 생긴 궁금점을 해결**할 수 있었다……학습 환경이나 공지사항, 집단 토론방들을 충분히 활용하여 **집단 내, 개인 간의 커뮤니케이션을 할 수 있다.**

> 온라인에서 각자 맡은 부분을 해결하며 **궁금한 것들을 서로 토론방에서 얘기하면서** 결과물을 만들어가는 것이 유익하였다……. 조별 간의 토의를 거쳐서 학습이 이루어지는 것이 가장 좋았고, 아무것도 없는 무에서 유를 창출해 냈다는 것이 좋았다.

위에서 제시된 학습자 반응을 살펴보면 사회적 환경 요소인 '도와주세요' 기능은 학습자들이 학습 도중 발생한 궁금점을 집단 내 또는 개인 간 커뮤니케이션을 할 수 있도록 지원되었다고 느끼고 있었다. 따라서 자기조절학습을 지원하는 도구는 환경을 제공하는 것 자체가 중요한 것이 아니라, 해결해야 하는 과제를 어떤 집단 유형에 적용하여 효과적인 과제 해결 과정 및 수행으로 유도할 것인지가 중요하다고 생각된다.

지금까지 분석된 결과를 토대로 개발된 웹 기반 자기조절학습 지원 도구가 과제 해결 과정 및 수행에 미치는 효과를 다음과 같이 요약해 볼 수 있다.

> **개발된 웹 기반 학습에서 자기조절학습 지원 도구는 다음의 경우 과제 해결 과정에 영향을 미친다.**

첫째, 과제를 해결해 나가는 과정에 있어서 같은 과제 유형을 수행하는 집단은 집단 유형을 다르게 구성할지라도 메시지 빈도에는 영향을 미치지 않았다. 따라서 웹 기반 학습 환경에서 자기조절학습 지원 도구는 집단 유형보다는 어떠한 과제 유형을 수행하도록 설계할 것인가가 고려되어야 한다.

둘째, 자기조절학습의 효과성에 대한 질적 분석 결과, 메타인지 요소와 환경 요소를 통해 학습자끼리 활발한 메시지를 교환하고 있었다. 특히, 성찰일지는 학습자들끼리 의사소통을 촉진하는 중요한 학습 공간으로서 새로운 자기조절학습 환경과 지식을 만들어 가는 공간으로 학습자들은 인식하고 있었다.

셋째, 과제 해결 과정에 대한 학습자 자기평가 검사 결과 집단별로 유의미한 차이가 나타났다. 이는 자기조절학습 지원 도구의 설계 방식이 과제 해결 과정에 영향을 미치고 있음을 시사한다.

> **개발된 웹 기반 학습에서 자기조절학습 지원 도구는 다음의 경우 과제 해결 수행에 영향을 미친다.**

자기조절학습 과제 유형에 따라 집단 유형에 영향을 미치는지를 검증한 결과, 개념이해형 과제의 경우 개인학습과 협력학습 간에는 유의미한 차이가 나타나지 않았으나, 지식적용형 과제의 경우에는 개인학습과 협력학습 간에 유의미한 차이가 있는 것으로 나타났다. 그러한 이유는 개념이해형 과제의 경우 주어진 과제를 순차적으로 해결하기 때문에 집단 유형에 따라 과제 해결 수행에 영향을 미치는 않은 것으로 판단된다. 반면, 지식적용형 과제는 학습자가 스스로 학습목표를 설정한 후 습득한 지식을 적용하면서 과제를 수행하도록 설계되었기 때문에 집단 유형을 어떻게 구성하는가에 따라 수행 결과가 다르게 나타난 것으로 판단된다. 따라서 웹 기반 학습 환경에서 자기조절학습은 어떠한 과제 유형으로 설계되는가에 따라 과제 수행을 위한 집단 유형에 영향을 미치는 것으로 분석된다.

> **학습자 반응을 분석한 결과 개발된 웹 기반 자기조절학습 지원 도구는 학습자에게 다음과 같은 영향을 미치고 있었다.**

개발된 웹 기반 자기조절학습 지원 도구의 사용은 65.09%가 긍정적인 반응을 나타내고 있었다. 과제 유형별로는 개념이해형 학습보다는 지식적용형 과제를 수행할 경우에 효과적이라는 의견이 높았으며, 개인학습-지식적용형 집단 학습자가 70.78%로 가장 높게 나타났다. 기능별로는 '학습진도 알아보기' 기능이 83.15%로 가장 높게 나타났으며, '과제 수행 안내' 기능도 77.58%로 긍정적인 반응을 나타냈다. 따라서 자기조절학습 지원 도구의 사용은 학습자가 혼자서 학습하면서 지식을 구성해 나가는 개인학습-지식적용형 학습 환경에 적합하며, 학습자의 학습 진행상황을 타 집단이나 다른 학습자와 비교하여 인지할 수 있도록 안내하고 지원하는 기능이 필요하다. 한편, 학습자의 의사소통을 지원하기 위한 게시판 기능은 분리되기보다는 유사한 기능끼리 통합적으로 제공함으로써 게시판 사용에 대한 학습자의 혼동을 방지할 수 있다.

제8장 웹 기반 자기조절학습 지원 도구에 대한 발전방향

웹(Web)이 교육적 매체로 사용되기 시작한 이후, 웹 기반 학습 환경에서 자기조절학습을 지원하기 위한 다양한 연구와 논의가 이루어져왔다. 웹 기반 학습 환경은 공간적으로 분산되어 있는 학습자들이 웹의 속성과 자원을 이용하기 때문에 웹 기반 학습 환경에서 자기조절학습과 관련된 연구는 전통적인 학습 방식과는 구분되어 제공될 필요가 있다. 따라서 웹 기반 학습 환경에서 자기조절학습을 지원하기 위한 도구는 기존에 개발된 단순한 기능을 뛰어넘어 학습자가 자기 주도적으로 학습 활동을 조절하며 의미 있는 학습을 창조해 나가도록 설계되어야 한다.

기존의 선행연구를 통해 웹 기반 학습 환경에서 자기조절학습이 과제를 수행해 나가는 과정에서 중요한 역할을 차지하고 있음을 주목하였다. 특히, 자기조절학습을 지원할 수 있는 방법을 탐색하고 웹 기반 학습 환경에서 기존의 자기조절학습 지원 도구와 구별되는 설계 원리와 전략을 제안하였다. 이를 통해 학습자가 웹 기반 학습 환경에서 메타인지적으로 자기조절학습을 수행할 수 있을 것으로 보았다.

연구결과 성공적인 웹 기반 자기조절학습을 지원하기 위해서는 다양한 학습전략과 함께 자기조절학습 지원 도구의 설계가 무엇보다 중요함을 알아냈다. 웹 기반 학습 환경에서 학습자의 자기조절학습을 지원하기 위해 개발되고 검증된 자기조절학습 지원 도구에 관한 논의는 다음과 같다.

  첫째, 자기조절학습 지원 도구가 과제 해결 과정에 미치는 영향에 대한 논의이다. 자기조절학습은 학습자가 스스로 의미를 구성해 나가는 일련의 과정이라고 볼 수 있다. 따라서 웹 기반 학습 환경에서 자기조절학습이 과제 해결 과정에 어떠한 영향을 미치는지 알아보는 것은 의미가 있을 것이다. 자기조절학습 지원 도구가 과제 해결 과정에 어떠한 영향을 주는지, 그리고 집단의 유형에 따라 과제 해결 과정에서 표출되는 학습자 행동과 주고받은 메시지에 어떠한 차이가 있는지를 규명해볼 필요가 있다.

  자기조절학습 지원 도구가 과제 해결 과정에서 어떠한 영향을 미치는지를 규명하기 위해 학습자의 상호 작용 메시지를 분석하였다. 자기조절학습 네 집단에 따른 메시지 빈도 분석 결과 개인학습－지식적용형 집단, 협력학습－지식적용형 집단, 협력학습－개념이해형 집단, 개인학습－개념이해형 집단 순으로 높게 나타났다. 또한 개념이해형 과제에 비해 지식적용형 과제를 수행하는 경우 메시지 빈도가 높게 나타났으며, 이는 지식적용형 과제의 경우 습득한 지식을 적용하여 새로운 지식을 생성해야 하기 때문에 개념이해형 집단에 비해 학습자 간 상호 작용이 활발하게 이루어진 것에 기인한 것으로 판단된다. 한편, x^2 검증 결과 네 집단은 메시지 빈도에 유의미한 차이가 있는 것으로 나타났다. 본 연구에서 과제를 해결해 나가는 과정에 있어서 같은 과제 유형을 수행하는 집단은 집단 유형을 다르게 구성할지라도 메시지 빈도에는 영향을 미치지 않았다. 따라서 웹 기반 학습 환경에서 자기조절학습 지원 도구는 집단 유형보다는 어떠한 과제 유형을 수행하도록 설계할 것인가가 고려되어야 한다.

자기조절학습의 효과성에 대한 질적 규명은 성찰적 사고에 근거하여 어떠한 상황에서 어떻게 학습이 수행되며 상호 작용하는지, 학습자의 사고와 행동에 어떻게 변화하는지를 고려해야 한다. 이는 과제 해결 도중에 표출된 학습자의 상호 작용 메시지 결과를 토대로 분석되었다. 자기조절학습 분석 요소 가운데 환경 요소와 메타인지 요소를 통해 학습자들은 활발한 메시지를 주고받는 것으로 나타났다. 특히, 물리적 환경 및 사회적 환경과 함께 '성찰일지'는 학습자들끼리 의사소통을 촉진하며 새로운 학습 환경과 지식을 창조해내는 중요한 공간으로 학습자들은 인식하고 있었다. 그러나 '집단 토론방'의 필요성은 물리적 환경과 사회적 환경 기능의 제공으로 인해 '성찰일지'에 비해 낮게 인식하고 있었다. 그러한 이유는 '성찰일지'는 지식적용형 학습자에게 제공된 반면, '집단 토론방'은 협력학습을 수행하는 학습자에게 제공되었기 때문에 협력학습을 수행하기 위해서 학습자들은 '집단 토론방'보다는 많은 메시지를 교환하는 물리적 및 사회적 환경 기능이 유용한 것으로 판단된다.

둘째, 자기조절학습 지원 도구가 과제 해결 수행에 미치는 영향에 대한 논의이다. 웹 기반 학습 환경에서의 과제 해결 수행은 학습자들이 과제를 단순히 수행하기보다는 과제 해결 과정을 점검하고 성찰하면서 주어진 과제를 개선하도록 어떻게 지원되느냐에 따라 과제 해결의 결과가 달라질 수 있다. 따라서 자기조절학습 과제 해결 과정은 어떻게 집단을 구성하여 학습을 수행하는가가 중요하며, 실제로 집단 유형에 따른 과제 해결 수행이 그 결과에 영향을 미친다는 점이 이번 연구를 통해 검증되었다. 그동안 자기조절학습에 관련된 연구는 이론적 또는 개념적 연구에 치중되어 있었으며(Hannafin, 1992; Schunk & Ertmer, 1999; Zimmerman, 2000), 웹 기반 학습 환경에서 자기조절학습을 수행할 수 있도록 지원하는 인지적 도구를 제공함으로써 과제 해결 과정 및 수행의 학습 활동에 어떠한 영향을 미치는지에 대한 경험적이고 실증적 차원의 연구는 미흡한 실정이었다. 이 책을 통해 자기조절학습을 지원하기 위한 다양한 방안들이 실증적, 경험적으로 제공된다면 웹 기반 학습에서 자기조절학습 지원 도구의 효과를 증진시키는 데 기여할 것으로 기대된다. 웹 기반 학습 환경에서 과제 해결 수행은 자기조절학습 과제 유형에 따라 집단 유형 간에 영향을 미치는 것으로 나타났다. 자기조절학습은 개념이해형 과제를 수행한 경우에는 집단 유형 간에 유의미한 차이가 나타나지 않았으나, 지식적용형 과제를 수행한 경우에는 집단 유형 간에 유의미한 차이가 나타났다. 이는 자기조절학습 지원 도구가 과제 유형에 따라 과제 해결 수행 효과가 다르게 나타나는 것을 시사한다.

셋째, 자기조절학습 지원 도구가 학습자 반응에 미치는 영향에 대한 논의이다. 웹 기반 학습 환경에서 자기조절학습 수행을 위한 웹 기반 자기조절학습 지원 도구에 대한 학습자 반응은 65.09%가 긍정적인 반응을 나타냈다. 과제 유형별로는 개념이해형 과제보다 지식적용형 과제를 수행한 학습자의 반응이 높게 나타났으며, 이 가운데 협력학습-지식적용형 집단에 비해 개인학습-지식적용형 집단 학습자가 70.78%로서 가장 높게 나타났다. 이는 웹 기반 자기조절학습 지원 도구가 이미 알고 있는 지식을 학습자 스스로 해결해 나가면서 과제를 완성하고 적용해 볼 수 있는 자기조절학습에서 효과적인 것을 의미한다. 기능별로는 전체적으로 '학습진도 알아보기' 기능이 83.15%로 가장 높게 나타났으며, 학습 수행을 안내하는 '과제 수행 안내' 기능도 77.58%로 긍정적인 반응을 나타냈다. 이는 자기조절학습에서 학습자가 '학습진도 알아보기' 기능을 통하여 자신과 다른 집단의 위치를 인식하고 이해함으로써 다른 학습자와 과제에 있어서 공동의 목적을 협력하고 수행할 수 있다는 Matsushita와 Okada(1995)의 제안을 실제적으로 검증하였다. 또한 준비 단계로서 전체적인 '과제 수행 안내' 기능은 자기조절학습을 수행하기 이전에 학습자에게 미리 학습 활동을 안내함으로써 효과적인 학습이 수행될 수 있음을 나타냈다. 반면에, 학습에 대한 성찰활동을 통해 자신의 학습과정을 점검하고 반성하는 '성찰일지' 기능은 협력학습-지식적용형 집단보다는 개인학습-지식적용형 집단의 경우 효과적인 것으로 나타났다. 이는 학습자가 자기조절학습을 수행하는 과정에서 이루어지는 의사소통 과정은 협력학습-지식적용형 집단의 경우, '성찰일지'에 비해 '집단 토론방' 기능이 82.90%로 높게 응답한 것으로 보아 개인보다는 집단 내에서 다른 학습자와의 의사소통이 좀더 효과적인 것을 의미한다. 또한, '전자노트' 기능은 전체 집단 모두 28.90% 만이 긍정적인 응답을 한 것으로 나타났으며, 이는 과제 해결 수행 도중 의사소통을 지원하기 위한 기능이 '성찰일지'와 '학습 환경'을 통해 중복하여 제공되었기 때문이다. 따라서 웹 기반 자기조절학습 지원 도구에서 의사소통을 촉진하기 위한 기능은 '전자노트'와 '복습하기' 기능을 통합하여 학습자의 상호 작용을 지원하도록 설계될 필요가 있다.

자기조절학습을 지원하기 위한 웹 기반 자기조절학습 지원 도구는 학습자가 주어진 과제를 단순히 해결해 나가는 결과 중심의 차원에서 벗어나 창의적으로 지식을 능동적으로 구성해 나가도록 설계될 필요가 있다. 따라서 자기조절학습 지원 도구의 설계는 조직적으로 구조화된 학습과정 속에서 정보를 얻는 대신, 학습자가 과제를 해결해 나가는 과정 속에서 학습 자원을 만들어 나갈 수 있도록 학습 활동을 유도하는 것이 중요하다. 본 연구에서 제시된 자기조절학습 수행을 위한 웹 기반 자기조절학습 지원 도구가 효과적으로 설계되었다 할지라도 학습 환경에 따라서 양질의 자기조절학습을 지원하기 위한 별도의 설계방법이 반드시 고려되어야 할 것이다.

제9장 맺음말

학습자가 웹 기반 학습 환경에서 자기조절학습을 성공적으로 수행하도록 지원하기 위해서는 다양한 학습전략과 함께 학습자의 환경과 특성을 종합적으로 고려한 지원 도구의 설계 전략이 필요하다. 이와 함께 자기조절학습 지원 도구의 사용은 과제 유형에 따라 다르게 제공될 필요가 있는데, 그러한 이유는 웹 기반 학습 환경에 사용되는 자기조절학습 지원 도구는 과제 유형에 따라 과제 해결 수행에 영향을 미치기 때문이다. 이는 자기조절학습을 지원하는 인지적 도구가 같은 집단 유형이라도 어떤 과제 유형을 적용하느냐에 따라 그 효과가 다르게 나타남을 시사한다.

또한, 웹 기반 학습 환경에서 자기조절학습을 지원하기 위한 도구는 학습자의 의사소통을 촉진하는 중요한 학습 공간으로서 새로운 학습 환경과 지식을 창조해내도록 설계되어야 한다. 이를 위해 물리적 환경과 사회적 환경을 지원하는 '환경 요소'의 설계와 학습자의 성찰활동을 지원하는 '메타인지'요소가 설계에 반영될 필요가 있다. 아울러 자기조절학습 지원 도구는 학습자 자신이 다른 집단의 위치를 인식하고 비교할 수 있도록 하기 위해 '학습진도 알아보기' 기능이나 '과제 수행 안내' 기능이 제공되어야 한다. 이를 통해 학습자는 자신의 학습 상황을 점검하고 조절할 뿐 아니라, 자기조절학습을 수행하기 이전에 학습자에게 미리 학습 활동을 안내함으로써 효과적인 학습이 수행될 수 있기 때문이다.

웹 기반 학습 환경에서 자기조절학습은 수행하고자 하는 과제 내용과도 관련이 있다. 특히, 학습자가 수행하기 위한 과제 내용이 어느 정도까지 세분화하여 구현될 것인가가 중요하며, 보다 광범위하고 다양한 학습 영역에서 자기조절학습을 수행하기 위한 지원전략이 필요하다. 아울러 지식적용형 학습자에게만 제공되었던 '성찰일지'와 '전자노트' 기능은 과제 유형을 달리하여 개념이해형 학습 설계에 반영한 후속 연구결과를 통해 자기조절학습 환경을 개선하는 데 기여할 수 있기를 바란다.

참 고 문 헌

강명희·김세은(2002). 온라인 프로젝트 수행을 지원하는 자기규제학습 촉진 전략의 효과. **교육공학연구**. 18(1). 3-22.

권성연·강명희(2003). 자기조절학습의 단계와 구성요인의 규명. **교육학연구**. 41(3). 239-273.

남정권(2001). **교육공학의 기초**. 서울: 장서원.

______(2005a). 웹 기반 학습 환경에서 집단 유형과 과제 유형에 따른 자기조절학습 효과에 관한 연구. **교육방법연구**. 17(1). 19-38.

______(2005b). **원격교육과 교수매체의 활용**. 서울: 장서원.

박성익(1997). "**협동학습전략의 원리와 실제**", **교수·학습방법의 이론과 실제(제2권)**. 서울: 교육과학사.

박홍균(2001). 컴퓨터 기반 학습 환경에서 자기조절학습전략의 학습방법이 학습 과정과 학습 성취에 미치는 영향. **교육정보방송연구**. 7(4). 33-51.

이석호(1996). **데이타 베이스론**. 서울: 정익사.

임정훈(1999). 웹 기반 문제해결학습 환경에서 소집단 협동학습 전략이 온라인 토론의 참여도와 문제해결에 미치는 효과. **서울대학교 대학원 박사학위논문**.

최성희·전영국·정혜선(2000). **통신망의 교육적 활용: 이론과 실제**. 서울: 학지사.

Alexander, P. A. & Judy, J. E.(1998). The interaction of domain-specific and strategic knowledge in academic performance. *Review of Educational Research, 58,* 375-404.

Ames, C. & Arcdher, J.(1988). Achievement in the classroom: student learning strategies and motivational processes. *Journal of Educational Psychology 80*: 260-267.

Badre, A. N.(2002). *Shaping Web Usability: Interaction Design in Context.* Addison-Wesley Professional. 김성우(옮김)(2002). **웹의 가치는 사용성이 결정한다: 정황에 따른 성공적인 웹 설계 전략.** 서울: 피어슨 에듀케이션 코리아.

Bandura, A.(1986). *Social foundations of thought and action.* Englewood Cliffs, NJ: Prentice-hall.

___________(1997). *Self-Efficacy*: The Exercise of Control. New York, NY: Freeman.

Bannan-Ritland, B.(2004). Web-based instruction: An encyclopedia entry. In A. Kovalchick & K. Dawson(Eds.), *Educational technology: An encyclopedia*(Vol.2, pp.638-644). Santa Barbara, CA: ABC_CLIO.

Barab, S., Bowdish, B., & Lawless, K.(1997). Hypermedia navigation: Profiles of hypermedia users. *Educational Technology Research and Development, 45*(3), 23-41.

Barba, R. H.(1993). The effects of embedding an instructional map in hypermedia courseware. *Journal of Research on Computing in Education, 25*(1), 405-412.

Barba, R. H., & Merchant, L. J.(1990). The effects of embedding generative cognitive strategies in science software. *Journal of Computers in Mathematics and Science Teaching*, *10*59-65.

Baylor, A. L., & Kitsantas, A.(in press). A Comparative Analysis and Validation of Instructivist and Constructivist Self-Reflective Tools(IPSRT & CPSRT) for Novice Instructional Planners. *Journal of Technology for Teacher Education*. 1-36.

Baylor, A. L., Kitsantas, A., & Hu, H.(2003). Two Tools to Facilitate Pre-Service Teachers' Self-Regulation During Instructional Planning. *TechTrends*, 47(2), 45-49.

Beasely, R. E., & Waugh, M. L.(1995). Cognitive mapping architectures and hypermedia disorientation: An empirical study. *Journal of Educational Multimedia and Hypermedia*, *4*(2/3), 239-255.

Bell, P.(2000). Scientivic arguments as learning artifacts: designing for learning from the web with *KIE. INT. J. SCI. EDUC.*, vol.11, No.8, 797-817.

Bereiter, C.(1990). Aspects of an educational learning theory. *Review of Educational Research*, *60*(4), 603-624.

Brown, J. S., collins, A., & Duguid, P.(1989). Situated cognition and the culture of learning. *Educational Researcher*, *18*(1), 32-41.

Bruer, J. T.(1993). *Schools for thought: A science of learning in the classroom.* Cambridge, MA: MIT press.

Butler, D. L.(1994). From learning strategies to strategic learning: Promoting self-regulated learning by postsecondary students with learning disabilities. *Canadian Journal of Special Education, 9*(4), 69-101.

___________(1997). *The roles of goal setting and self-monitoring in students' self-regulated engagement in tasks.* Paper presented at the 1997 meeting of American Educational Research Association in Chicago, Illinois. [ERIC Document Reproduction Service No.ED 409 323].

Butler, D. L., & Winne, P. H.(1995) Feedback and self-regulated learning: a theoretical synthesis. *Review of Educational Research 65:* 245-281.

Case, L. P., & Harris, K. R.(1998). *Self-instructional strategy training: improving the mathematical problem-solving skills of learning disabled students.* Paper presented to the American Educational Research Association, New Orleans, April, 1988. [ERIC Document Reproduction Service No.ED 301 001].

Chambers, M.(1997). *Why the Web? Linkages.* Paper presented at The Potential of the Web, Institute for Distance Education, University of Maryland University College, Adelphi, MD.

Chen, C. S.(2002). Self-regulated Learning Strategies and

Achievement in an Introduction to Information Systems Course. *Information Technology, Learning, and Performance Journal, 20*(1), 11-25.

Clemmons, J., Laase, L., Cooper, D., Areglado, N., & Dill, M.(1993). *Portfolios in the classroom: A teacher's sourcebook.* NY: Scholastic Professional Books. 박영배 외(역)(1998). **평가방법탐구**. 서울: 형설출판사.

Collins, A., Greeno, J. G., & Resnick, L. B.(1994). Learning environment. In T. Husen & T. N. Postlethwaite(Eds.), *Internal Encyclopedia of Education.* Pergamon.

Corno, L.(1986). The metacognitive control components of self-regulated learning. *Contemporary Educational Psychology, 11*(3), 333-346.

Corno, L., Collins, K. M., & Capper, J.(1982). *Where there's a way there's will: Self-regulating the low achieving student.* [ERIC Document Reproduction Service No.ED 222 499].

Corno, L., & Mandinach, E. B.(1983). The Role of Cognitive Engagement in Classroom Learning and Motivation. *Educational Psychologist, 18*(2), 88-108.

Corno, L. & Randi, L.(1999). A design theory for classroom instruction. In C. R. Reigeluth(Ed.), *Instructional design theories and models: A new paradigm of instructional theory, Vol. II*(*pp.*293-318). Hillsdale NJ: Lawrence Erlbaum Associates, Publishers.

Cotton, B., & Oliver, R.(2000). *Understanding Hypermedia(2nd ed.). London: Phaidon Press.* 박해천 외(역)(2002). **하이퍼미디어는 어디로 가는가: 멀티미디어의 기원_인터넷의 미래**. 서울: 디자인하우스.

Crook, C.(1994). Human cognition as socially grounded. In C. Crook, *Computers and the collaborative experience of learning*(pp.30-51). London: Routledge.

Dabbagh, N., & Bannan-Ritland, B.(2005). *Online Learning: concepts, Strategies, and Application.*(pp.206-227). Upper Saddle River, NJ: Merrill/Prentice Hall.

Dabbagh, N. & Kitsantas, A.(2002). *Supporting Self-Regulation in Student-Centered Web-Based Learning Environments.* [Online Document] Available http://mason.gmu.edu/~ndabbagh/elearn-2002.pdf

Davis, E. A., & Linn, M.(2000). Scaffolding student's knowledge integration: Prompts for reflection in KIE. *International Journal of Science Education, 22*(8), 819-837.

Deci, E. L. & Ryan, R. M.(2000). Self-determination theory and the facilitation of intrinsic motivation, social development, and well being.

Derry, S. J., & Murphy, D. A.(1986). Designing systems that train learning ability: From theory into practice. *Review of Educational Research, 56*(1), 1-39.

Dewey, J.(1993). *How we think.* Lexington: D.C. Health and

Company.

Driscoll, M. P.(1994). *Psychology of learning for instruction.* Needham Heights, MA: Allyn & Bacon.

Driscoll, M. P.(2000). *Psychology of learning for instruction*(2nd ed.). Needhan Heights, MA: Allyn & Bacon.

Duffy, T. & Cunningham, D. J.(1996). Constructivism: Implications for the design and delivery of instruction. In D. Jonassen (Ed.), *Handbook of Research on Educational Communications and Technology.* New York: Macmillan, 170-198.

Edens, K. M.(2000). Promoting communication, inquiry, and reflection in an early practicum experience via an on-line discussion group. *Action in Teacher Education,* 22(2A), 14-23.

Ellefsen, E. R.(1996). *Teaching a strategy to promote self-regulated learning in computer-based instruction.* Unpublished doctoral dissertation, University of Northen Colorado.

Ertmer, P. A. & Newby, T. J.(1996). The expert learner: Strategic, self-regulated, and reflective. *Instructional Science,* 24, 1-24.

Flavell, J. H.(1979). Metacognition and cognitive monitoring: A new area of cognitive-developmental inquiry. *American Psychologist, 34*(10), 906-911.

Flynn, A. E., & Klein, J. D.(2001). The influence of discussion groups in a case-based learning environment. *Educational*

Technology Research and Development, 49(3), 71-86.

Gagne, R. M.(1985). *The conditions of learnin.* New York: Holt, Rinehart and Winston.

Gagne, R. M., & Briggs, L. J.(1979). *Principles of instructional design*(2nd ed.). NY: Holt, Rinehart & Winston.

Garcia, T., & Pintrich, P. R.(1991). *Student motivation and self-regulated learning: A LISREL model.* Paper presented at the annual meeting of the American Educational Research Association. [ERIC Document Reproduction Service No.ED 333 006].

Gick, M. L.(1986). Problem solving strategies. *Educational Psychologist, 21*(1 & 2), 99-120.

Glaser, R.(1984). Education and thinking: the role of knowledge. *American Psychologist, 39*(2), 93-104.

Goldman, S. V.(1992). Computer resources for supporting student conversations about science concepts. *SIGCUE Outlook, 21*(3), 4-7.

Graham, S., Harris, K. R., & Troia, G. A.(1998). Writing and self-regulation: Cases from the self-regulated strategy development model. In D. H. Schunk & B. J. Zimmerman (Eds.), *Self-regulated learning: from teaching to self-reflective practice*(pp.20-41). New York: The Guilford Press.

Graham, S. & Weiner, B.(1996). Theories and principles of motivation. In: Berliner DC and Calfee RC(Eds.), *The*

Handbook of Educational Psychology, 63-84. New York, NY: Macmillan.

Gutwin, C.(1997). *Workplace awareness in real-time distributed groupware*. A dissertation submitted to the faculty of graduate studies in partial fulfillment of the requirements for the degree of doctor of philosophy. The university of Calgary, Calgary, Alberta, Canada.

Hannafin, M. J.(1992). Emerging technologies, ISD, and learning environments: Critical perspectives. *Educational Technology Research and Development, 40*(1), 49-63.

Hannafin, M. J., Hall, C., Land, S., & Hill, J.(1994). Learning in open-ended environments: assumptions, methods, and implications. *Educational Technology, 34*(10), 46-54.

Hannafin, M. J., Oliver, K., Hill, J. R., & Glazer, E.(2003). Cognitive and Learning factors in Web-Based Distance Learning Environments. In M. G. Moore & W. G. Anderson(Eds.), *Handbook of distance education.*(pp.245-260). Mahwah, NJ: Lawrence Erlbaum.

Hannafin, M. J., Reeves, T. C., & Hayden, J. J.(2001). Understanding and addressing multiple stakeholder needs: Evaluation and the world of policymakers. In W. Heineke & J. Willis(Eds.), *Research Methods for Educational Technology*(pp.251-267). Greenwich, CT: Information Age Publishing.

Harasim, L., Hiltz. S. R., Teles, L., & Turoff, M.(1995). Learning Networks: A *field guide to teaching and learning on-line*. London, The MIT Press.

Harris, K. R.(1990). Developing self-regulated learners: The role of private speech and self-instructions. *Educational Psychologist*, 25(1). 35-49.

Heinich, R., Molenda, M. & Russell, J, D., Smaldino, S, E.(2002). *Instructional Media and Technologies for Learning*: Prentice Hall. 설양환 외(역)(2002). **교육공학과 교수매체**. 서울: 피어슨 에듀케이션 코리아.

Henri, F.(1992). Computer conferencing and content analysis. In C. O'Mally(Ed.), *Computer supported collaborative learning*. Heidelberg: Springer-Verlag.

Hill, J. R.(1997). *Distance learning environments via the world wide web. In B. H. Khan(Ed.), Web-Based Instruction* (pp.75-80). Englewood Cliffs, NJ: Educational Technology.

Hofer, B. K., You, S. L., & Pintrich, P. R.(1998). In D. H. Schunk & B. J. Zimmerman(Ed.) *Self-regulated learning; from teaching to self-reflective practice*(pp.57-85). New York: The Guilford Press.

Holmes, P.(2000). *Online and just in time: the change implications of implementing a strategy to use technology in the delivery of learning solutions in a large organization*. [Online Document] Available http://www.t2b.com.au/resources/Final-Project-Paper.pdf

Johnston, V. L.(1996). Toward a global classroom using computer-mediated communications at UAA. University of Alaska Anchorage, *Vocational Teacher Education Research Report.* [ERIC Document Reproduction Service No.ED 356 759].

Jonassen, D. H.(1997). Instructional design models for well-structured and ill-structured problem-solving learning outcomes. *Educational Technology Research and Development,* *45*(1), 65-94.

______________(2000). Revisiting activity theory as a framework for designing student-centered learning environments. In D. H. Jonassen & S. M. Land(Eds.), *Theoretical Foundations of Learning Environments*(pp.89-121). Mahwah, New Jersey: Lawrence Erlbaum Associates.

Jonassen, D. H., Peck, K. L., & Wilson, B. G.(1999). *Learning with technology: A constructivist perspective.* Upper Saddle River, NJ: Merrill Publishing.

Keller, J. M.(1979). Motivation and instructional design: A theoretical perspectives. *Journal of Instructional Development,* *2*(4), 26-34.

______________(1983). Motivational design of instruction. In C. M. Reigeluth(Ed.), *Instructional design theories and models: An overview of their current status.* Hillsdale, NJ: Lawrence Erlbaum Associates.

Khan, B.(Ed.)(1997). *Web-based instruction.* Englewood Cliffs, NJ: ET Publications.

Kinzie, M. B., & Berdel, R. L.(1990). Design and use of hypermedia systems. *Educational Technology Research and Development, 38*(3), 61-68.

Kinzie, M. B., Hrabe, M. B., & Larsen, V. A.(1998). An instructional design case event: Exploring issues in professional practice. *Educational Technology Research and Development, 46*(1), 53-71.

Kirby, J. R.(1984). Strategies and processes. In J. R. Kirby(Ed.), *Cognitive strategies and educational performance*(pp.3-12). Orlando, FL: Academic Press.

Kitchner, K. S.(1983). Cognition, metacognition, and epistemistic cognition: A three-level model of cognitive processing. *Human Development, 26,* 222-232.

Kitchner, K. S., & King, P. M.(1981). Reflective judgment: Concepts of justification and their relationship to age and education. *Journal of Applied Developmental Psychology, 2,* 89-116.

Kuhl, J.(1985). Volitional mediators of cognition-behavior consistency: self-regulatory processes and action versus state orientation. In J, Kuhl & Beckermann(Eds.), *Action control: From cognition to behavior.* West Berlin: Springer-Verlag.

Kuhl, J., & Kraska, K.(1994). Self-regulation in learning. In T.

Husen & T. N. Postlethwaite(Eds.), *International Encyclopedia of Education*. Pergamon.

Land, S. M., & Hannafin, M. J.(2000). Student-centered learning environments. In D. H. Jonassen & S. M. Land(Eds.), *Theoretical Foundations of Learning Environments* (pp.1-23). Mahwah, New Jersey: Lawrence Erlbaum Associates.

Lebow, D. G.(1994). Constructivist values for instructional systems design: Five principles toward a new mindset. In B. Seels(Ed.), *Instructional Design Fundamentals: A Reconsideration* (pp.175-188). Englewood Cliffs, NJ: Educational Technology Publications.

Lehtnen, E., Balcytience, A., & Gustafson, M.(1993). *Knowledge structures, activity, and hypertext.* A paper presented at the 5th EARLI conference, Aix-en-provence, France, August 31, September 5.

Levin, B. B.(1995). Using the case method in teacher education: The role of discussion and expericence in teachers thinking about cases. *Teaching and Teacher Education, 11*(1), 63-79.

Ley, K., & Young, D. B.(2001). Instructional principles for self-regulation. *Educational Technology Research and Development. 49*(2). 93-105.

Lin, X.(2001). Designing metacognitive activities. *Educational Technology Research & Development, 49*(2), 23-40.

Lin, X., Newby, T. J., Glenn, N. G., & Foster, W. T.(1994). *Embedding metacognitive cues into hypermedia systems to promote far transfer problem solving.* Paper presented at Annual Convention of the Association for Educational Communications and Technology, Nashville, TN.

Lindner R. W., & Harris, B. R.(1992). *Self-Regulated Learning and Academic Achievement in College Students.* Paper presented at the American Educational Research Association Annual Meeting, San Francisco, CA.

__________________________________(1993). *Teaching self-regulated learning strategies.* [ERIC Document Reproduction Service No.ED 362 182].

Lindner, R. W., & Harris, B. R., & Gordon, W. I.(1996). *The design and development of the self-regulated learning inventory: a status report.* A paper presented in the annual convention of the American Educational Research Association.

Linn, M., Shear, L., Bell, P., & Slotta, J.(1999). Organizing principles for science education partnerships: Case studies of students learning about rats in space and deformed frogs. *Educational Technology Research and Development, 47*(2), 61-84.

Lowry, M., Thornam, C., & White, C. T.(2000). "Preparing Higher Education Learners for Success on the Web" In

Issues in Web-Based Pedagogy. Ed. R. A. Cole. London: Greenwood Press, 2000. pp.298-316.

Mager, R. F.(1984). *Preparing instructional objectives*(2nd ed.). Belmont, CA: Fearon-Pittman.

Matsushita, Y., & Okada, K.(Ed.)(1995). *Collaboration and communication.* Distributed collaborative media series 3. Kyoritsu Press(in Japanese).

Maxwell, L.(1995). Integrating open learning and distance education. *Educational Technology, November-December,* 43-48.

McCombs, B. L.(1989). Self-regulated learning and academic achievement: A phenomenological view. In B. J. Zimmerman & D. H. Schunk(Eds.), Self *regulated learning and academic achievement: Theory, research, and practice* (pp.51-82). New York: Springer Verlag, Publishers.

McCombs, B. L., & Marzano, R. J.(1990). Putting the self in self-regulated learning: the self as agent in integrating will and skill. *Educational Phychologist,* 25(1), 51-69.

McManus, T. F., Sweany, N., Tothero, K. D. & Williams, D.(1996). *The Kinematics Web Site.* [Online Document] Available

http://ccwf.cc.utexas.edu/~mcmanus/physics/index.html

Moore, M., & Kearsley, G.(1996). *Distance education a systems view.* Wadsworth Publishing Company.

Neath, I.(1998). *Human Memory: An Introduction to Research,*

Data, and Theory. Pacific Grove, CA: Brooks-Cole Publishing.

Oliver R., Omari, A., & Herrington, J.(1998). Exploring student interactions in collaborative world wide web computer based learning environments. *Journal of Educational Multimedia and Hypermedia, 7*(2/3), 263-287.

Paris, S. G., & Ayres, L. R.(1994). *Becoming Reflective Students and Teachers with Portfolio and Authentic Assessment.* Washington D.C.: American Psychological Association.

Paris, S. G., & Byrnes, J. P.(1989). The consturctivist approach to self-regulation and learning in the classroom. In B. J. Zimmerman, & D. H. Schunk(Eds.), *Self-Regulated Learning and Academic Achievement: Theory, Research and Practice.* New York: Springer-Verlag.

Pesut, D. J.(1990). Creative thinking as a self-regulatory metacognitive process: A model for education, training, and future research. *Journal of Creative Behavior, 24*(2), 105-110.

Piaget, J.(1975). *The development of thought: Equilibration of cognitive structures.* New York, New York: Viking.

Pintrich, P. R.(1995). Understanding Self-Regulated Learning. In P. R. Pintrich(Ed), *Understanding Self-Regulated Learning.* San Francisco, CA: Jossey-Bass.

___________(2000). The Role of Goal Orientation in Self-Regulated Learning. In M. Boekaerts, P. R. Pintrich &

M. Zeidner(Eds.), The Handbook of Self-Regulation, San Diego, CA: Academic Press.

Pintrich, P. R., & De Groot, E. V.(1990). Motivational and self-regulated learning components of classroom academic performance. *Journal of Educational Psychology, 82*(1), 33-40.

Pintrich, P. R., Smith, D. A., Garicia, T., & McKeachie, W. J.(1991). *A manual for the use of the Motivated Strategies for Learning Questionnaire*(MSLQ). National Center for Research to Improtve Postsecondary Teaching and Learning. Ann Arbor: University of Michigan.

Poole, M. & Holmes, M.(1995). Decision development in computer-assisted group decision making. *Human Communication Research, 22*(1), 90-127.

Pressley, M.(1995). More than the development of self-regulation: Complex, long-term, and thoroughly social. *Educational Psychologist, 30*(4), 207-212.

Pressley, M., El-Dinary, P. B., Wharton-McDonald, R., & Brown, R.(1998). Transactional instruction of comprehension strategies in the elementary grades. In D. H. Schunk & B. J. Zimmerman(Eds.), *Self-regulated learning: from teaching to self-reflective practice*(pp.42-56). New York: The Guilford Press.

Pressley, M., & McCormick, C. B.(1987). *Advanced educational psychology for educators, researchers, and policy makers.* New York: HarperCollins.

Reigeluth, C. M.(1996). A new Paradigm. *Educational Technology, May-June,* 13-20.

Reiser, R. A., & Dick, W.(1996). *Instructional planning: A guide for teachers.* Allyn and Bacon.

Ritchie, D. C. & Hoffman, B.(1996). "Incorporating instructional design principles with the World Wide Web" In *Web-based instruction.* Ed. B. H. Khan. Englewood Cliffs, NJ : Educational Technology Publications. 1997. pp.135-138.

Schmitt, M. C., & Newby, T. J.(1986). Metacognition: Relevance to instructional design, *Journal of Instructional Development, 9*(4), 29-33.

Schraw. G., & Brooks.(1999). *Scop of Self Regulated Learning.* [Online Document] Available http://www.selu.edu/Academics/Faculty/cechols/selfreg /page2.html

Schraw. G., Kauffman, D. F., & Lehman, S.(2004). *Self-regulated Learning.* [Online Document] Available http://www.coe.usu.edu/psyc/slehman/articles/self_regula ted_learning.pdf

Schraw. G., & Moshman. D.(1995). Metacognitive theories. *Educational Psychology review* 7: 351-371.

Schunk, D. H.(1994). Self-regulation of self-efficacy and

attributions in academic settings. In D. H. Schunk, & B. J. Zimmerman(Eds.), *Self-regulation of learning and performance: Issues and educational applications.* Hillsdale, NJ: Lawrence Erlbaum Associates, Inc.

_________________(1998). Teaching elementary students to self-regulate practice of mathematical skills with modeling. In D. H. Schunk & B. J. Zimmerman(Eds.), *Self-regulated learning: from teaching to self-reflective practice*(pp.137-159). New York: The Guilford Press.

Schunk, D. H., & Ertmer, P. A.(1999). Self-regulatory processes during computer skill acquisition: Goals and self-evaluative influences. *Journal of Educational Psychology, 91*(2), 251-260.

Schunk, D. H., & Swartz, C. W.(1993). Goals and progress feedback: Effects on self-efficacy and writing achievement. *Contemporary Educational Psychology, 18,* 337-354.

Shin, M.(1998). Promoting students' self-regulation ability: Guidelines for instructional design, *Educational Technology, 38*(1), 38-44.

Shulman, J.(Ed.)(1992). *Case method in teacher education.* New York: Teachers College Press.

Siegel, M. A., & Kirkley, S.(1997). *A web site for theories of learning and instruction.* In B. H. Khan(Ed), Web-Based Instruction(pp.271-276). Englewood Cliffs, NJ: Educational Technology.

Sinnott, J. D.(1989). A model for solution of ill-structured problems: Implications for everyday and abstract problem solving. In J. D. Sinott(Ed.), *Everyday problem solving: Theory and application*(pp.72-99). New York: Praeger.

Smith, P. K., & Ragan, T. J.(2005). *Instructional Design*(3rd ed.). NJ: John Wiley & Sons, Inc.

Spiro, R. J., Feltovich, P. J., Jacobson, M. J., & Coulson, R. L.(1991). Cognitive flexibility, constructivism, and hypertext, *Educational Technology*, 31(5), 24-33.

Stahl, G.(2000). A model of collaborative knowledge-building. In B. Fishman & S. O'Connor-Divelbiss(Eds.), *Fourth International Conference of the Learning Science*(pp.70-77). Mahwah, NJ: Erlbaum.

________(2002). *Contributions to a theoretical framework for CSCL Proceedings of the Computer Support for Collaborative Learning(CSCL) 2002 Conference*. [Online Document] Available http://newmedia.colorado.edu/cscl/81.pdf

Trawick, L.(1992). *Effects of a cognitive-behavioral interaction on the motivation, volition, and achievement of academically underprepared college students*. Paper resented at the annual meeting of the American educational research association, San Francisco, CA. April 20-24.

Trawick, L., & Corno, L.(1995). Expanding the volitional resources of urban community college students. *New Directions for*

Teaching and Learning, 63, 57-70.

Trentin, G.(2002). From distance education to virtual communities of practice: The wide range of possibilities for using the Internet in continuous educational and training. *International Journal on E-learning, 1*(1), 55-66.

Voss, J. F., & Post, T. A.(1988). On the solving of ill-structured problems. In M. H. Chi, R. Glaser, & M. J. Farr(Eds.), *The nature of expertise*(pp.261-285). Hillsdale, NJ: Lawrence Erlbaum Associates.

Voss, J. F., Wolfe, C. R., Lawrence, J. A., & Engle, R. A.(1991). From representation to decision: An analysis of problem solving in international relations. In R. J. Sternberg & P. A. Frensch(Eds.), *Complex problem solving: principles and mechanisms*(pp.119-158). Hillsdale, NJ: Lawrence Erlbaum Associates.

Wallace, P. M.(1999) *The psychology of the internet.* Cambridge University Press. 황상민(역)(2001). **인터넷 심리학**. 서울: 에코리브르.

Wang, M. C., & Habelow, E.(1994). Learning characteristics of students with special needs. In T. Husen & T. N. Postlethwaite(Eds.), *International Encyclopedia of Education.* Pergamon.

Weiner, B.(1986). *An Attributional Teheory of Motivation and Emotion.* New York, NY: Springer-Verlag.

Weinstein, C. E., & Mayer, R.(1986). The teaching of learning strategies. In M.Wittrock(Ed)., *Handbook of research on teaching and learning.* NY: Macmillan.

Weinstein, C. E., & Stone, G. V.(1993). Broadening our conception of general education: The self-regulated learner. *New Directions for Community Colleges, 21*(1), 31-39.

Whalley, P.(1993). An alternative rhetoric for hypertext. In C. McKnight, A. Dillon, & J. Richardson(Eds.), *Hypertext: A psychological perspective(pp.7-17).* New York, NY: Ellis Horwood.

Wills, B., & Dickinson, J.(1997). Distance education and the world wide web. In B. H. Khan(Ed.), *Web-Based Instruction*(pp.81-84). Englewood Cliffs, NJ: Educational Technology.

Winne, P. H.(2002). *A Program of Research on Self-Regulated Learning.* [Online Document] Available http://www.educ.sfu.ca/faculty_positions/overview_winne.pdf

Winne, P. H., & Perry, N. E.(2000). Measuring Self-Regulated Learning. In M. Boekaerts, P. R. Pintrich & M. Zeidner(Eds.), *The Handbook of Self-Regulation.* San Diego, CA: Academic Press.

Winne, P. H., & Stockley, D. B.(1998). Computing technologies as sites for developing self-regulated learning. In D. H. Schunk

& B. J. Zimmerman(Eds.), *Self-regulated learning: from teaching to self-reflective practice*(pp.106-136). New York: The Guilford Press.

Wittrock, M. C.(1990). Generative processes of comprehension. *Educational Psychologist, 27,* 531-542.

Woolfolk(1998) *Teacher Can Influence Students Motivation.* [Online Document] Available http://www.selu.edu/Academics/Faculty/cechols/selfreg/page4.html

Wulff, S., Hanor, J., & Bulik, R. J.(2000). "The Roles and Interrelationships of Presence, Reflection, and Self-Directed Learning in Effective World Wide Web-Based Pedagogy." In *Issues in Web-Based Pedagogy*. Ed. R. A. Cole. London: Greenwood Press, 2000. pp.144-160.

Young, J. D.(1996). The effect of self-regulated learning strategies on performance in learner controlled compter-based instruction. *Educational Technology Research and Development, 44*(2), 17-27.

Zimmerman, B. J.(1989a). Models of self-regulated learning and academic achievement. In B. J. Zimmerman & D. H. Schunk(Eds.), *Self-Regulated Learning and Academic Achievement.* New York: Springer-Verlag.

___________________(1989b). A social cognitive view of self-regulated academic learning. *Jouranl of Educational Psychology,*

81(3), 329-339.

_________________(1990). Self-regulated learning and academic achievement: An Overview. *Educational Psychologist,* *25*(1), 3-17.

_________________(2000). Attaining Self-Regulation. In M. Boekaerts, P. R. Pintrich & M. Zeidner(Eds.), *The Handbook of Self-Regulation.* San Diego, CA: Academic Press.

Zimmerman, B. J., Bandura, A., & Martinez-Pons, M.(1992). Self-motivation for academic attainment: The role of self-efficacy beliefs and personal goal setting. *American Educational Research Journal, 29*(3), 663-676.

Zimmerman, B. J., & Martinez-Pons, M.(1986). Development of a structured interview for assessing student use of self-regulated learning strategies. *American Educational Research Journal, 23*(4), 614-628.

___________________________________(1988). Construct validation of a strategy model of student self-regulated learning. *Journal of Educational Psychology, 80,* 284-290.

Zimmerman, B. J., & Schunk, D. H.(1989). *Self-regulated learning and academic achievement: theory, research and practice.* New York: Springer-Verlag.

부록1. 선수학습 지식 검사지

문 항	정 답			
	①	②	③	④
1. 다음 중 교수설계의 설명으로 가장 올바른 것은? ① 교수설계는 설계, 개발, 활용, 관리, 평가하는 체계적인 과정이다. ② 교수설계 과정은 분석, 종합, 평가의 3단계로 이루어진다. ③ 수업목표에 효과적으로 도달하도록 계획하는 과정이다. ④ 교육에 관련된 문제를 해결하는 체계적 과정이다.				
2. 교수설계 모형 가운데 ADDIE 모형의 특성으로 가장 올바른 것은? ① 평가도구와 기준은 평가 단계에서 설정한다. ② 요구사정(needs assessment)은 평가 단계에서 실행한다. ③ 평가단계는 결과에 대한 평가를 의미한다. ④ 학습자의 문화적인 요소는 고려하지 않는다.				
3. 다음 중 교수설계의 일반적인 절차로 가장 올바른 것은? ① 설계 – 분석 – 개발 – 실행 – 평가 ② 분석 – 설계 – 개발 – 실행 – 평가 ③ 개발 – 분석 – 설계 – 평가 – 실행 ④ 평가 – 설계 – 개발 – 분석 – 실행				
4. 다음 중 수행문제 분석이나 요구사정을 실행하는 단계로 올바른 것은? ① 분석　② 설계　③ 개발　④ 평가				
5. 다음 중 개발 단계에서 이루어지는 내용으로 가장 올바른 것은? ① 교수 전략 작성 ② 적정 수업시간의 추정 ③ 평가 도구와 기준 결정 ④ 평가 도구와 매뉴얼 제작				

문 항	정 답			
	①	②	③	④
6. 다음 중 파일럿 테스트를 실행하여 문제점을 점검하고 수정하는 것은? ① 사전평가 ② 형성평가 ③ 총괄평가 ④ 메타평가				
7. 다음 중 수업목표의 진술 방법으로 가장 올바른 것은? ① 교수자가 수업에서 행할 계획에 대한 진술을 의미한다 ② 목표에 대한 진술은 어떻게 달성할 것인지의 진술을 의미한다 ③ 학습자가 수업에서 성취해야 할 것들의 진술을 의미한다 ④ 수업목표 진술은 가능한 범주화하여 개략적으로 표시한다				
8. 다음 중 수업 목표의 진술 이유로 올바르지 못한 것은? ① 가장 적절한 교수 방법 선택을 위해서 ② 적절한 평가를 보장하기 위해서 ③ 수업목표에 쉽게 도달하기 위해서 ④ 적절한 교수 매체 선택을 위해서				
9. 바람직한 수업 목표 진술 가운데 ABCD 단계가 아닌 것은? ① 대상(audience) ② 행동(behavior) ③ 조건(condition) ④ 결정(decision)				
10. 다음 교수설계 모형 중 의미가 나머지 셋과 다른 하나는? ① Dick & Carey 모형 ② ACTIONS 모형 ③ ASSURE 모형 ④ ADDIE 모형				

부록2. 온라인 시험지(개념이해형)

> 다음은 교수설계에 관련된 질문입니다. 해당 번호에 ○표 하여 주시기 바랍니다.

문 항	정 답			
	①	②	③	④
1. 다음 중 교수설계에 관한 설명으로 가장 올바른 것은? ① 수업목표에 효과적으로 도달하도록 계획하는 과정이다. ② 교육에 관련된 문제를 해결하는 체계적 과정이다. ③ 교수설계는 설계, 개발, 활용, 관리, 평가하는 체계적인 과정이다. ④ 교수설계 과정은 분석, 종합, 평가의 3단계로 이루어진다.				
2. 수업 목표의 진술 가운데 학습자가 수행해야 할 특별한 환경 조건이나 기자재, 도구, 참고 자료 등에 관하여 기술하는 과정으로 올바른 것은? ① 행동 ② 기준 ③ 대상 ④ 조건				
3. 다음 중 수행문제 분석이나 요구사정을 실행하는 단계로 올바른 것은? ① 개발 ② 평가 ③ 분석 ④ 설계				
4. 켈러의 ARCS모형 가운데 ADDIE모형의 "설계" 단계에서 실행되는 요소를 포함하고 있는 단계는? ① 관련성 ② 자신감 ③ 주의집중 ④ 만족감				
5. 다음 중 가네(Gagne)의 교육목표를 위한 구성 요소로 올바르지 못한 것은? ① 학습자 분석 ② 행동의 대상 ③ 도구 및 제약 조건 ④ 학습자 행동				
6. ASSURE모형 가운데 평가와 수정 단계에서 평가 요소로 올바르지 못한 것은? ① 학습 방법의 적절성 여부 ② 사용 매체의 적합성 여부 ③ 학습자의 목표 도달 여부 ④ 자료 선정의 적절성 여부				

문 항	정 답			
	①	②	③	④
7. 학습－수행의 관점에서 란다(Landa)가 생각한 지식의 유형을 바르게 나타낸 것은? ① 사물이나 현상의 영상, 개념, 명제를 변형하는 과정이다 ② 특정한 기능을 일반적인 기능으로 변환하는 힘이다 ③ 사물이나 현상이 영상, 개념, 명제로 나타나는 것이다 ④ 지식과 기능 및 조작은 서로 각각 분리되어 나타난다				
8. 다음 중 학습자가 사물의 특징과 속성을 진술할 수 있는 능력에 해당되는 것은? ① 영상 ② 개념 ③ 운동조작 ④ 정리				
9. 학습자가 습득한 지식을 다른 사물이나 현상과 관련시킬 수 있는 행위에 해당하는 것은? ① 영상 ② 개념 ③ 운동조작 ④ 정리				
10. 다음 내용은 교수 설계 가운데 설계(Design)에 관한 사이트이다. 설계 과정이란 문제 해결을 위해 합리적, 논리적, 계열화하는 의도적인 문제 해결 과정이라고 설명하고 있다. 이 글이 제시된 사이트로 가장 올바른 것은? ◑ Design is essentially a rational, logical, sequential process intended to solve problems. ◑ For the term "design process", we can also read "problem-solving process". ① http://fog.ccsf.cc.ca.us/~mmalacho/OnLine/ADDIE.html ② http://carbon.cudenver.edu/~mryder/dlc.html ③ http://carbon.cudenver.edu/~mryder/itc_data/idmodels.html ④ http://carbon.cudenver.edu/~mryder/itc_data/idmodels.html #prescriptive				

부록3. 수행평가 검사지(지식적용형)

다음은 집단별 학습 과제에 관한 수행평가 문항지입니다. 자신의 집단을 제외한 다른 집단의 아래 항목을 평가한 후 해당 번호에 ○표 하여 주시기 바랍니다.

평가 문항	집단별 점수														
	A집단			B집단			C집단			D집단			E집단		
	20점	10점	00점	20점	10점	00점	20점	10점	00점	20점	10점	00점	20점	10점	00점
1. 집단별 과제 선정에 있어서 다른 집단에 비해 선정된 과제가 구별되고 창의적으로 선정되어 과제를 수행하였는가?															
2. 집단별로 수행한 과제 내용이 계획 과정에서 이미 설정한 학습목표와 일치하도록 제대로 수행하였는가?															
3. 집단별로 과제를 해결하기 위한 학습 활동이 조장을 중심으로 협력적이고 상호 작용적인가?															
4. 과제를 해결하기 위해 집단 스스로 시간 관리나 모니터링(자기감시)을 통해 학습 정도를 인지하고 조절해 나갔는가?															
5. 다른 집단과 지식을 함께 공유하며, 새로운 아이디어의 제안이 활발하고 적극적인가?															

부록4. 자기평가 검사지

다음은 우리 집단과 내가 과제 해결을 위한 학습 활동을 되돌아보는 검사입니다. 해당 사항에 ○표 하여 주시기 바랍니다.

문 항	매우 그렇다	그렇다	그저 그렇다	그렇지 않다	전혀 그렇지 않다
1. 우리 집단의 학습목표는 선정한 주제에 맞게 적절히 수립되었는가?					
2. 집단 내/집단 간 동료끼리 역할 분담이 제대로 분배되고 계획되었는가?					
3. 집단의 동료들이 선정된 과제를 충분히 인식하고 있었는가?					
4. 과제 해결을 위한 정보탐색과 분석이 효과적으로 이루어졌는가?					
5. 우리 집단의 과제 해결 방법이 적절히 수행되었는가?					
6. 과제를 성공적으로 수행하기 위해 다른 집단과 비교하면서 학습 수행 상태를 점검하였는가?					
7. 우리 집단이 계획한 시간과 일정대로 과제 해결이 수행되었는가?					
8. 집단 내/집단 간 동료의 위치를 수시로 점검하며 과제를 수행하였는가?					
9. 우리 집단의 성찰일지는 매일 정기적으로 충실히 작성되었는가?					
10. 집단 간 비교를 통해 우리 집단의 학습 정도를 제대로 인식하고 있었는가?					
11. "퀴즈방" 진도 확인을 통해 동료와 나의 현재 학습상태를 인식하고 이해하였는가?					

문 항	매우 그렇다	그렇다	그저 그렇다	그렇지 않다	전혀 그렇지 않다
12. 우리 집단의 과제 해결을 위해 다른 집단이나 외부 학습자원을 적절히 활용하였는가?					
13. 과제 수행 중 발생하는 물리적인 문제들을 해결하기 위해 집단 내/집단 간 도움을 충분히 주고받았는가?					
14. 과제 해결을 위해 학습 내용에 관련된 질문이나 문제들을 집단 내/집단 간 동료나 교수자의 도움을 충분히 활용하였는가?					
15. 우리 집단의 동료끼리 학습방법이나 시스템 구성에 관한 수정이나 개선사항이 활발히 제안되었는가?					
16. 학습/과제를 수행한 후 집단 내/집단 간 과제에 관한 회상이나 의견교환을 통한 검토가 충분히 이루어졌는가?					
17. 우리 집단의 과제 해결을 위한 상호 작용이 전반적으로 매우 활발히 이루어졌는가?					
18. 집단 내/집단 간 학습조절을 위한 다양한 통제와 점검활동이 전반적으로 활발히 이루어졌는가?					
19. 최종 과제물 해결을 위한 과정이 전반적으로 만족스러운가?					
20. 과제 해결을 위한 집단 활동이 전반적으로 흥미롭고 유익하였는가?					

부록5. 학습자 반응 검사지

다음은 여러분이 사용하였던 웹 기반 자기조절학습 지원 도구의 기능 및 구조에 관한 문항입니다. 해당 사항에 ○표 하여 주시기 바랍니다.

단계	문 항	매우 그렇다	그렇다	그저 그렇다	그렇지 않다	전혀 그렇지 않다
준비 단계	1. 학습 안내 및 실행					
	1.1. "과제 수행안내" 기능은 학습자가 어려움 없이 주어진 과제를 해결하도록 적절히 안내되었는가?					
사전 단계	1. 계획					
	1.1. "학습목표" 세우기 기능은 학습목표 설정에 매우 도움이 되었는가?					
	1.2. "학습 활동방법" 기능은 학습계획과 역할을 분배하고 계획하는 데 유익하였는가?					
	2. 과제 수행 방법 선택					
	2.1. 단계별 활동(과제인식, 정보 찾기, 정보 분석, 과제 해결)은 과제 수행 방법의 선택에 매우 도움을 주었는가?					
수행 단계	1. 자기조절학습 수행 도구					
	1.1. "성찰일지" 기능은 개인과 집단의 학습과 성찰활동에 매우 유익하였는가?					
	1.2. "집단 토론방" 기능을 이용하여 동료와의 활발한 의견 토론이 이루어졌는가?					
	1.3. "전자노트"의 활용이 학습 후 학습 내용을 정리하는 데 매우 유익하였는가?					

단계	문 항	매우 그렇다	그렇다	그저 그렇다	그렇지 않다	전혀 그렇지 않다
수행 단계	1.4. "학습 진도 알아보기" 기능이 집단 내/집단 간 비료를 통해 우리 집단의 학습 정도를 이해하는 데 도움이 되었는가?					
	1.5. 자기조절학습 지원 도구가 상호 작용을 촉진하도록 설계되었는가?					
	1.6. 아이디어를 집단과 공유하는 데 자기조절학습 지원 도구를 적극적으로 활용하였는가?					
	2. 자기조절학습 지원 도구의 수행					
	2.1. "중간 과제물 작성" 기능을 통해 과제물 해결 과정을 스스로 점검하는 데 도움이 되었는가?					
	2.2. "수정 및 보완" 기능을 통해 과제물 해결 도중 오류를 발견하고 수정하였는가?					
	2.3. "의견서 제출" 기능을 이용하여 학습 내용을 이해하고 점검하는 데 도움이 되었는가?					
	2.4. "최종 과제물" 작성이 협력학습을 통해 원활히 수행되었는가?					
	3. 물리적 환경					
	3.1. "과제 수행환경" 기능이 과제물 작성이나 게시판 이용에 도움이 되었는가?					
	3.2. "배경선택" 기능을 이용하여 과제 해결을 위한 유익한 정보를 공유하였는가?					
	4. 사회적 환경					
	4.1. "도와주세요" 기능을 이용하여 학습 내용에 관련된 다양한 문제들을 해결하였는가?					

단계	문 항	매우 그렇다	그렇다	그저 그렇다	그렇지 않다	전혀 그렇지 않다
수행 단계	4.2. "수정/개선방" 기능을 이용하여 학습방법이나 시스템 구성에 관한 수정이나 개선사항을 제안하였는가?					
	5. 강의 자료실					
	5.1. 개념이해형 과제를 해결하기 위한 강의 자료실 구성이 과제 해결에 매우 도움이 되었는가?					
사후 단계	1. 자료 검토					
	1.1. "복습하기" 기능이 학습 후 학습 내용을 회상하거나 성찰하는 데 도움이 되었는가?					
	2. 평가					
	2.1. 다양한 평가방법(선수학습 지식검사, 퀴즈방, 온라인평가, 수행평가, 검사지)이 학습상태를 점검하는 데 도움이 되었는가?					
	2.2. 개인별/집단별 수행 과제물이 학습 활동에 매우 유익하였는가?					

찾아보기

· 저자 ·

남정권
南廷權

· 약 력 ·

충남대학교 전자공학과 졸업(공학사)
한양대학교 교육대학원 졸업(교육학 석사)
한양대학교 대학원 교육공학과 졸업(교육공학 박사, Ph. D.
멀티미디어교육전공)
숙명여자대학교, 인하대학교, 카톨릭대학교, 한양대학교
강의(교육공학)
정보사회와 컴퓨터 2종 교과서 심의위원(교육인적자원부)
2005 수학능력시험 평가기준 개발위원(한국직업능력개발원)

· 주요논저 ·

「학교의 정보통신기술 교육에 있어서 교육공학의 역할」
「정보화 시대의 유아교육 방향」
「교수학습자료 개발, 공유, 활용방안」
「제 7차 교육과정과 ICT 활용교육」
「2005 수능 직업탐구영역의 과목별 성취기준과 평가기준 개발」
「진정한 e-learning을 위한 EBS 수능 인터넷 강의 전략」
「웹 기반 학습 환경에서 집단 유형과 과제 유형에 따른
자기조절학습 효과에 관한 연구」
『교육공학의 기초』
『EBS 수능 choice 정보기술기초』
『시선집중 정보기술기초 문제집』
『원격교육과 교수매체의 활용』
외 다수

· 연락처 ·

e-mail: iamnjk@paran.com

● WBI 환경과 자기조절학습

• 초판 인쇄	2006년 12월 30일
• 초판 발행	2006년 12월 30일
• 지 은 이	남정권
• 펴 낸 이	채종준
• 펴 낸 곳	한국학술정보㈜
	경기도 파주시 교하읍 문발리 526-2
	파주출판문화정보산업단지
	전화 031) 908-3181(대표) · 팩스 031) 908-3189
	홈페이지 http://www.kstudy.com
	e-mail(출판사업부) publish@kstudy.com
• 등 록	제일산-115호(2000. 6. 19)
• 가 격	24,000원

ISBN   89-534-6132-4 93370 (Paper Book)
       89-534-6133-2 98370 (e-Book)